红色花朵

绽放

——长征文学导读

RANG
HONGSE
HUADUO
ZHANFANG

CHANGZHENG
WENXUE
DAODU

王洪义 陈寿武 编著

郑州大学出版社

图书在版编目(CIP)数据

让红色花朵绽放：长征文学导读／王洪义，陈寿武
编著. —郑州：郑州大学出版社，2020.4
ISBN 978-7-5645-6864-1

Ⅰ. ①让… Ⅱ. ①王… ②陈… Ⅲ. ①阅读课 – 中学 –
课外读物 Ⅳ. ①G634.33

中国版本图书馆 CIP 数据核字(2019)第 259794 号

郑州大学出版社出版发行
郑州市大学路 40 号
出版人:孙保营   邮政编码:450052
全国新华书店经销   发行部电话:0371 – 66966070
河南承创印务有限公司印制
开本:710 mm×1 010 mm   1/16
印张:14.5
字数:226 千字
版次:2020 年 4 月第 1 版   印次:2020 年 4 月第 1 次印刷
─────────────────────────────────
书号:ISBN 978-7-5645-6864-1   定价:48.00 元

★ ★ ★ ★ ★

编 委 会

序 言

党的十八大以来，习近平总书记多次强调，要把理想信念的火种、红色传统的基因一代代传下去，让革命事业薪火相传、血脉永续。

2015年6月，习近平总书记在遵义视察，作了"传承红色基因，讲好遵义故事"的重要指示，这充分体现了以习近平同志为核心的党中央对遵义革命老区人民的极大关心和深情厚爱。

长征途中召开的遵义会议，在极端危急的时刻挽救了党，挽救了红军，挽救了中国革命，是党的历史上一个生死攸关的转折点。

贵州遵义，因遵义会议而闻名遐迩。在这片红色热土上幸福生活的人们，正肩负着历史的重托。

中国工农红军长征是世界历史上的壮举，铸就了伟大的长征精神，也孕育了独特的长征文化。80多年来，长征文化积累了丰硕的成果，呈现出持续繁荣的趋势，尤以长征文学出现时间最早、影响范围最广，是我国社会主义文化库藏里的一笔宝贵财富和重要资源。

这里，我们从长征文学百花园中撷取数枝以飨读者，借以回顾革命历史，重温文化经典，感悟长征精神，传承红色基因。

（一）长征诗词

长征期间，红军将士在戎马倥偬的间隙里、浴血冲杀的余暇中，以笔为枪，卷抒豪情，创作了大量诗歌作品。其中成就最高、影响最大、传播最广的，首推毛泽东的长征诗词。同时，长征前后也是毛泽东诗词创作的一个高峰期，作品包括《清平乐·会昌》《十六字令三首》《忆秦娥·娄山关》《七律·长征》《念奴娇·昆仑》《清平乐·六盘山》《六言诗·给彭德怀同志》《沁园春·雪》等。

毛泽东的长征诗词艺术地描绘了红军长征的战斗历程，热情洋溢地赞扬了红军不畏艰险、英勇顽强的革命精神，蕴含着中国共产党人的万般豪情壮志，它是中国革命的壮烈史诗，也是中国诗歌宝库中的璀璨明珠。

（二）长征纪实文学

《红星照耀中国》（*Red Star Over China*）又称《西行漫记》，是美国著名记者埃德加·斯诺写的关于红色中国的新闻报道集，1937 年 10 月在英国出版。作者真实地记录了自 1936 年 6 月至 1936 年 10 月在中国西北革命根据地（以延安为中心的陕甘宁边区）进行实地采访的所见所闻，通过与中国共产党的领导人毛泽东、周恩来、朱德、彭德怀、贺龙等以及广大红军战士、农民、工人、知识分子的接触交往，了解了革命根据地政治、军事、经济、文化、生活各方面的真实情况，准确、鲜明、生动地反映了中国共产党和工农红军的斗争业绩。毛泽东和周恩来是作者埃德加·斯诺笔下最具代表性的人物形象。后来，此书以近二十种文字翻译出版，几十年间几乎传遍了世界，成了著名的畅销书。

遗憾的是，斯诺在写《红星照耀中国》第一章时，红军三大主力尚未会师，他本人也未亲身参与长征，总体来说对长征的报道比较零碎，以至于他在书中这样写道："这是一次可浓墨重彩、大书特书的远征，在此只能作一简略概述。"但是他相信，"总有一天会有人写出这一惊心动魄的远征的全部史诗"。

真的，美国记者哈里森·埃文斯·索尔兹伯里（曾任全美作家协会主席）就是因为斯诺"总有一天会有人写出这一惊心动魄的远征的全部史诗"这句话，怀着对长征这段光辉历史的无限向往，于 1984 年 3 月，不顾已 76 岁高龄，携妻子来到中国，在北京对参与过长征的中国高级领导人、高级将领、档案保管员和历史学家进行了一系列的采访后，他在军博副馆长秦兴汉将军和外交部资深译员张援远的陪同下，飞往长征的起点——江西省。随后，他们沿着红军长征的路线，一路前行，渡金沙江，爬雪山，过草地，他们主要以汽车代步，行程1.2万公里，历时两个半月，途中进行了大量的采访。要知道，他们当时经过的绝大多数地方仍然是穷乡僻壤。他们接触到了大量的长征当事人，并且用重走长征路的方式感悟到了当年红军长征的艰辛……终于，一年后，一部38万字的《长征——前所未闻的故事》付梓，这是一部用数以百计的采访和不计其数的文件档案提炼组合而成的壮丽史诗。

《放眼看长征》是中共中央党史研究室研究员叶心瑜所著的纪实文学，于1996年6月由华文出版社出版。作品详细介绍了红军长征的起因、经过，她以细腻的笔调记录了长征途中很多感人的故事，它向读者展示了红军长征的全貌，再现了中国工农红军历时两年时间，行程两万五千里武装大迁移的艰难经历。

《长征》是我国军旅作家王树增的长篇纪实文学，于2006年9月由人民文学出版社出版，作品历时六年完成。在六年的时间里，作者收集了大量的长征资料，采访了百余位曾经参加过长征的老红军，亲自走了红军长征走过的许多地方，从而创作了这部伟大作品。作者说："我试图将中国工农红军所创造的历史，从对人类文明产生重要影响的角度，还原给今天的中国读者，也还原给我自己。"

《红军长征遵义亲历记》是原遵义会议纪念馆副馆长费侃如主编的中央红军在遵义战斗生活的第一手史料，于2013年1月由中国文史出版社出版。红军胜利到达陕北以及新中国成立后，不少长征亲历者陆续发表了一大批关于红军在遵义的回忆文章。他们从不同角度、全方位地记录了红军长征时在遵义的活动。这些亲历者的回忆，无疑是极其珍贵的历史资料。编者将多年来散见于各种报刊上的这些文章汇编成此书，不仅对研究红军长征有重要的参考价值，还是对青少年进行革命传统教育的好教材，更重要的是它丰富了遵义的历史文化。

《长征：英雄与信仰的史诗》是中央理论研究部门研究员亓阵之

和萧晟合著的一部红军长征史，是一部纪念红军长征胜利 80 周年的献礼书，于 2016 年 8 月由广东教育出版社出版。本书通过完整、准确地记录红军长征的艰难历程，深刻揭示了红军长征的历史意义；通过生动、细致地描绘红军将士的精神面貌，深刻阐释长征精神的丰富内涵；通过全面回顾长征中党的建设的伟大成绩，突出表现了在毛泽东同志领导下，全党在思想上、政治上、组织上达到的空前统一和团结，党的领导更加成熟，党的力量成倍壮大，党成为领导全国各族人民进行伟大革命的核心力量。

（三）长征长篇小说

《地球的红飘带》是著名作家魏巍的力作，它是当代第一部描写红军长征的长篇小说，于 1988 年 5 月由人民文学出版社出版。作品全方位地展现了长征途中红军战士历经的诸多战役，描绘了一幅幅深沉凝重的场景：伤亡惨重的湘江突围、波涛汹涌的乌江天险、意义深远的遵义会议、风云变幻的雪山草地……红军战士衣衫褴褛、腹中饥饿，却以钢铁般的意志和坚定的理想信念战胜了敌人的围追堵截与来自红军内部的矛盾斗争。

作品内容浩瀚，人物众多，对毛泽东的高瞻远瞩、坚持真理，朱德的忠厚朴实、身先士卒，周恩来的忠诚缜密、敬业干练，以及王稼祥、张闻天、董必武等革命前辈对中国革命事业的无限忠诚和对革命前途的深谋远虑，作者都做了细腻的描写，对韩洞庭、李樱桃等普通红军战士也做了生动的记述。同时，对蒋介石、王家烈等反派人物也刻画得有血有肉。作者善于捕捉人物的细腻情感和瞬息万变的心理活动，使得此书取得了令人震撼的艺术效果。

《命运》《危亡》《曙光》是遵义会议纪念馆原副馆长石永言创作的"长征三部曲"，是继他的名作《遵义会议纪实》被拍摄成 8 集电视连续剧《遵义会议》之后完成的长篇小说，于 1997 年 9 月由中共中央党校出版社出版。作品反映了红军长征的艰险历程，再现了红军长征的历史面貌，书写了红军将士的英雄传奇。

（四）长征故事集

　　《长征的故事》由王冉编著，于 2013 年 4 月由团结出版社出版。属"百部青少年爱国主义教育读本"系列丛书之一，它以"弘扬红色主旋律""结合现实问题"为原则编写，对青少年进行了丰富多彩、生动活泼的爱国主义教育。

　　《"红军与遵义"故事集》是由遵义市长征学学会黄先荣和黄弢编著的以红军在遵义发生的故事为主体的故事集，于 2015 年 8 月由白山出版社出版。作品侧重于中国共产党革命精神与文化资源的研究与传承应用，这些以长征文化为代表的红色故事将在青少年的革命传统教育方面发挥重要作用。

　　《让红色花朵绽放——长征文学导读》编者从上述长征诗词、纪实文学、小说、故事集等作品中分别节选了几个篇章或片段，在篇首做了阅读提示，在篇末设计了问题探究。这样安排，旨在让青少年从多种长征文学体裁中了解红军长征历史，充分感受长征人物形象，从而更深刻理解作品主题，传承红色基因，弘扬长征精神。

　　明镜照形，往事如今。理想不灭，信念不忘。

　　在这伟大的变革时代，那些血与火、与你我他相连的红色基因，是我们情感的寄托，是我们精神的归宿，是我们前进的动力。

　　愿红色基因的花朵在新时代竞相绽放！

王洪义

2018 年 12 月 6 日

长征精神光芒万丈　红色文化深入人心

——《让红色花朵绽放——长征文学导读》编撰出版有感

《人类 1000 年》一书公布了从公元 1000 年至公元 2000 年的千年间，人类历史进程中所发生的 100 件重要事件。来自世界不同民族、不同国家、不同学科领域的学者们共同认为，在已经过去的 1000 年中，这 100 件事对人类文明的发展产生了巨大的影响。这些事件包括：1088 年，世界上第一所大学在意大利的博洛尼亚诞生——人类的真知有了得以"世代相传的智慧之地"；1789 年，法国大革命爆发——人类第一次全社会性的革命，将平等的法律制度传向了全世界；1905 年，爱因斯坦发表关于能量守恒定律的论文，人类的思维第一次"深入到了宇宙的两个基本构成：物质和能量的内在联系"中……

这些最具影响力的事件告诉今天的人们，世界是如何变当时的沧海为今天的桑田的。长征与火药武器的发明、成吉思汗的帝国一起作为中国最著名的三大事件被列入影响世界的 100 件事中。

长征为什么能成为在这 1000 年中影响世界文明发展的重大事件，原因固然很多，但可以肯定的是，来自世界不同民族、不同国家、不同学科领域的学者们，在评选 1000 年间影响了人类历史进程的 100 件重要事件时，他们在意识形态上与中国共产党人并不相同，他们也不是从中国共产党党史和中国红色武装的军史角度来看待长征的。

那么，长征是什么？毫无疑问，在 21 世纪回首长征，我们应该从人类文明发展的角度去探寻中国历史上的这一重要事件。长征是人类历史上罕见的不畏艰难险阻的远征，跨越了中国 14 个省份，转战地域面积的总和比许多欧洲国家的国土面积都大。长征翻越了 20 多条巨大的山脉，其中的五条位于世界屋脊之上且终年积雪。长征渡过了 30 多条河流，包括世界上最汹涌险峻的峡谷大江。长征走过了世界上海拔最高的广袤湿地，那片人迹罕至的湿地面积几乎和法国的国土面积相等。而更重要的是，在总里程超过两万五千里的长征途中，中国工农红军始终在数十倍于己的敌人的追击、堵截与合围中，遭遇的战斗在四百场以上，平均三天就发生一次激烈的大战。除了在少数地区短暂停留之外，在饥饿、寒冷、伤病和死亡的威胁下，中国工农红军在长征中不但要与重兵"围剿"的敌人作战，还需要平均每天急行军 50 公里以上。

长征是人类历史上少见的不畏牺牲的远征。1934 年 10 月，红一方面军作战部队 86000 多人踏上长征之路，1935 年 10 月到达陕北吴起镇时全军仅剩近 8000 人。其他方面的红军队伍，自踏上万般曲折艰险的长征之路到长征结束，也都做出了巨大的牺牲。

长征是人类战争史上的奇迹。长征锻造出了伟大的长征精神：就是把全国人民和中华民族的根本利益看得高于一切，坚定革命的理想和信念，坚信正义事业必然胜利的精神；就是为了救国救民，不怕任何艰难险阻，不惜付出一切牺牲的精神；就是坚持独立自主、实事求是、一切从实际出发的精神；就是顾全大局、严守纪律、紧密团结的精神；就是紧紧依靠人民群众，同人民群众生死相依、患难与共、艰苦奋斗的精神。长征精神是中华民族百折不挠、自强不息的民族精神的最高表现，是保证我们革命和建设事业走向胜利的强大精神力量。

关于长征，人民领袖毛泽东是这样论述的："长征是历史纪录上的第一次，长征是宣言书，长征是宣传队，长征是播种机。自从盘古开天地，三皇五帝到于今，历史上曾经有过我们这样的长征吗？十二个月光阴中间，天上每日几十架飞机侦察轰炸，地下几十万大军围追堵截，路上遇着了说不尽的艰难险阻，我们却开动了每人的两只脚，长驱二万余里，纵横十一个省。请问历史上曾有过我们这样的长征吗？没有，从来没有的。长征又是宣言书。它向全世界宣告，红军是英雄好汉，帝国主义者和他们的走狗蒋介石等辈则是完全无用的。长征宣告了帝国主义和蒋介石围追堵截的破产。长征又是宣传队。它向十一个省内大约两万万人民宣布，只有红军的道路，才是解放他们的道路。不因此一举，那么广大的民众怎会如此迅速地知道世界上还有红军这样一篇大道理呢？长征又是播种机。它散布了许多种子在十一个省内，发芽、长叶、开花、结果，将来是会有收获的。总而言之，长征是以我们胜利、敌人失败的结果而告结束。谁使长征胜利的呢？是共产党。没有共产党，这样的长征是不可能设想的。中国共产党，它的领导机关，它的干部，它的党员，是不怕任何艰难困苦的。谁怀疑我们领导革命战争的能力，谁就会陷进机会主义的泥坑里去。"

长征虽然已经过去80多年了，但红军将士在长征路上留下的红色足迹、红色战斗、红色精神一直在鼓舞着一代又一代的中华儿女为红色理想而奋斗。红军长征途中那一场场力量悬殊的生死较量至今仍萦绕在我们的脑际，久久不能离去。娄山关战役的激烈，土城战役的艰辛，让人荡气回肠，激动不已；遵义会议的曲直，苟坝会议的智慧，让人心潮起伏，思绪万千；强渡乌江的勇敢，四渡赤水的辉煌，让人惊心动魄，拍手叫绝。

山河为碑，历史为证。击退穷凶极恶的追兵阻敌、战胜自然环境的严酷挑战，几经挫折而不断奋起、历尽苦难而淬火成钢，80年前的那场伟大远征，创造了人类为追求真理和光明而坚定执着顽强进取的伟大史诗。长征的胜利，是坚定理想、恪守信仰的胜利，是追求真理、坚持真理的胜利，是团结群众、依靠群众的胜利，是实事求是、理论创新的胜利。

长征永远在路上，弘扬伟大长征精神，走好今天的长征路，是新的时代条件下我们面临的一个重大课题。我们要让年轻一代了解长征精神，学习红色文化。让他们继承前人的事业，进行今天的奋斗，开辟明天的道路；让他们心中有信仰，脚下有力量，用理想之光照亮奋斗之路，用信仰之力开创美好未来；让他们弘扬长征精神，以只争朝夕的气魄，朝着民族复兴的远大理想奋斗不已。

真心希望《让红色花朵绽放——长征文学导读》的编撰出版能引导阅读此书的中学生深入了解长征年代数以万计的英雄儿女可歌可泣的感人事迹，传承红色基因，弘扬长征精神，进而提升语文核心素养。

陈寿武

2018 年 12 月 25 日

目 录

第一单元

1 背上"这孩子"长征 / 002

2 强渡乌江 / 004

3 "红军菩萨"的故事 / 009

4 "哑巴"红军 / 014

5 征服雪山 / 016

第二单元

6 喋血湘江 / 021

7 光华铺在呜咽 / 025

8 伟大的抉择 / 029

9 土城战役 / 034

10 扭转危局 / 037

第三单元

11 爬夹金山 / 043

12 天气多变的草原 / 047

13 老炊事员 / 050

14 杜铁锤夜斗泥潭 / 053

15 毛泽东舌战张国焘 / 056

第四单元

16 遭白匪追逐 / 062

17 造反者 / 066

18　贺龙二三事　/　069

19　过大草地　/　074

20　"红小鬼"　/　078

第五单元

21　长征及其由来　/　084

22　月光下的行军　/　090

23　"独立房子"的住客　/　094

24　担架上的"阴谋"　/　098

25　大雪山　/　102

第六单元

26　魔草地　/　111

27　攻克天险腊子口　/　113

28　鏖战独树镇　/　115

第七单元

29　秋收起义　/　118

30　十送红军　/　122

31　路在何方　/　126

32　横渡乌江　/　129

33　橘子洲头　/　134

第八单元

34　喜极而泣　/　139

35　黑暗时刻　/　146

36　天高云淡　/　149

37　北上北上　/　153

38　江山多娇　/　156

第九单元

39 党的历史教训 / 162

40 毛主席站在板凳上即席讲话 / 166

41 四渡赤水 / 171

42 再占遵义城 / 176

43 遵义城走出来的勇士们 / 180

第十单元

44 长征的准备 / 185

45 遵义会议的召开 / 187

46 彝海结盟 / 189

47 大雪山 / 192

48 茫茫大草地 / 195

第十一单元

49 清平乐·会昌 / 199

50 十六字令三首 / 202

51 忆秦娥·娄山关 / 205

52 七律·长征 / 207

53 念奴娇·昆仑 / 209

54 清平乐·六盘山 / 211

55 六言诗·给彭德怀同志 / 213

56 沁园春·雪 / 214

后 记

第一单元

★ ★ ★ ★ ★

单元说明

本单元五篇文章分别选自王冉编著的《长征的故事》和黄先荣、黄弢编著的《"红军与遵义"故事集》。

故事，文学体裁的一种，侧重于事件发展过程的描述，强调情节的生动性和连贯性，较适合于口头讲述。

故事，通过叙述的方式讲一个带有寓意的事件或是陈述一件往事。故事通过对过去的事的记忆和讲述，描述某个范围社会的文化形态。

阅读故事要注意体会故事情节发展的连贯性和语言的生动性特点，领悟故事的内涵，从而从中获得对自然、社会、人生的有益启示。

1 背上"这孩子"长征

【阅读提示】

长征出发前，中央红军做了严格规定：路上谁也不准带孩子，不论职务多高。所有参加长征的母亲都把孩子留在了根据地。始料不及的是，一些生命已经在母体中孕育。十月怀胎，瓜熟蒂落，而长征的终点却还遥不可及。

红军在四渡赤水时，仗打得异常激烈，双方伤亡很大。一日黄昏，两位苗族妇女把一名红军伤员抬到团部卫生队，她们放下伤员，一边比手画脚，一边呜啦哇啦地说着什么。因不懂苗语，红军连长马泽迎一直不知她们在说些什么。后见她们从伤员怀里抱出个不满周岁的婴儿，有点奇怪，带着孩子的伤员不是女红军，而是一位男同志。这究竟是怎么回事？马泽迎觉得一头雾水。

正在这时，恰巧红军总司令朱德路过。见状后，立刻从附近叫来一个懂汉语的苗族战士，经过他的翻译，大家才知道：婴儿是伤员的孩子，孩子的妈妈是红军的宣传员，在一次战斗中牺牲了。父亲带着婴儿，在战斗中又不幸受了重伤。

伤员是胸部中弹，血流不止，一直处在昏迷状态。朱德命令马泽迎立即组织力量进行全力抢救。不久，伤员睁开眼睛，微动着嘴唇，发出了微弱的声音。朱德和马泽迎俯下身，才听见他断断续续地说："同志，我不行了，孩子交给……托你……做孩子的……"话未说完便咽了气。但那一双满怀希望的眼睛却直盯着马泽迎，不肯闭上。

朱德和马泽迎帮烈士合上双眼，向烈士遗体行了军礼后，朱德对马泽迎说："你可明白这位烈士的意思，是否知道他临终前没来得及说出的那个字？"

马泽迎悲痛地点了点头：是个"爸"字。

朱德含着眼泪继续说道："这孩子是革命的后代，孩子父亲委托你，我也把这孩子交给你。从现在起，你就是这孩子的爸爸，你必须把他带好！

"是，请首长放心，我一定会对孩子尽到父亲的责任，对得起死去的烈士，对得起烈士的在天之灵。"马泽迎坚定地从朱德手中接过婴儿，紧紧地抱在怀中。

此后，行军打仗、抢救伤员时，马泽迎的背上便成了婴儿的摇篮。孩子拉屎撒尿都在他背上，时间长了，孩子胯下湿疹严重，马泽迎背上也长出了巴掌大的脓疮。宿营时，马泽迎把孩子搂在怀里，疼爱有加。为了孩子，马泽迎把自己那份少得可怜的干粮，一口口嚼烂，然后嘴对嘴地为孩子喂食，还常常给孩子把屎把尿，洗晾尿布。

朱德也对孩子非常牵挂，经常给孩子送点红薯干、玉米粉等，帮助马泽迎喂养孩子。朱德还想给孩子取个名字，可因不知道孩子父母的姓名，也就把他难住了，只好叫作"这孩子"。于是，"这孩子"三个字就成了孩子的名字而被叫开了。

在马泽迎精心照料和抚养下，"这孩子"虽然瘦成一把皮骨，却还健康，讨人喜爱，最终被马泽迎背到了延安。

一周岁了，马泽迎给孩子取名"勇毅"。新中国成立后，马泽迎让自己的亲生女儿与勇毅成亲，婚礼于 1956 年 10 月 18 日在马泽迎家举行。朱德闻讯，亲自主持了婚礼，并向大家讲了勇毅的身世。

听了朱德的介绍，婚礼场上发出了阵阵赞叹和感叹。

（选自《"红军与遵义"故事集》）

【思考探究】

一、长征中环境条件那么险恶，为什么朱德总司令还命令连长马泽迎必须把"这孩子"带好？马泽迎又是怎样带好"这孩子"的？

明确：因为"这孩子"的妈妈已经在战斗中牺牲，他的爸爸在身负重伤后，临终时当着朱德总司令的面托马泽迎做孩子的爸爸。"这孩子"既是红军烈士的后代，又是烈士对马泽迎的临终遗言。行军打仗、抢救伤员时，马泽迎一直把孩子背在身上；给孩子把屎把尿，洗晾尿布；宿营时，马泽迎把孩子搂在怀里，疼爱有加。为了孩子，马泽迎把自己那份少得可怜的干粮，一口口嚼烂，然后嘴对嘴地为孩子喂食。

二、结合语境，谈谈你对"听了朱德的介绍，婚礼场上发出了阵阵赞叹和感叹"中加点词的理解。

明确：赞叹马泽迎不负烈士嘱托，抚养勇毅（"这孩子"）长大，并让女儿与勇毅成亲；感叹红军烈士终于含笑九泉。

第
一
单
元

2　强渡乌江

【阅读提示】

　　红军长征，面临的不只是自然界的艰难险阻，还要与凶狠的敌人展开对决。红军队伍正是在无数次的战役中得以锤炼，形成了百折不挠、无私无畏的革命精神。一个个经典战役谱写出红军战胜强敌的伟大诗篇。

　　血战湘江之后，红军元气大伤，博古和李德也不再固执己见，最高"三人团"独揽军事大权的局面有所变化，毛泽东也重获发言权。在此后不久的会上，毛泽东、周恩来、博古、李德等人再次讨论和确定红军的去向，做出《中央政治局关于渡江后新的行动方针的决定》：建立川黔边根据地。首先以遵义为中心，然后向川南发展。

　　目标遵义，红军首先要渡过乌江。

　　乌江，又称黔江，位于贵州境内，是长江的一大支流。江水蜿蜒曲折近千里，流转在一座座高山峡谷之间，水流湍急，暗含险滩，素有"天险"之称。

　　经毛泽东、周恩来、朱德等人商讨决定，先以偷渡的形式渡江，如若失败，再进行强渡。

　　渡江行动一经确定，朱德电令各部：乌江"偷渡部队不应小于一个团，在偷渡的渡河点应派兵扼守，防敌偷袭，并防其焚毁渡船"。

　　在夜色的笼罩下，红三连连长毛振华率领的突击队开始渡江。经过几次尝试，偷渡未能成功，红军不得不采取强渡措施。此次，担任强渡乌江任务的有两支先遣队：林彪、聂荣臻率领的红一军团第一师，中革军委负责指挥的第二师。

　　在没有任何渡江工具的条件下，想要渡过湍急的乌江是一件非常困难的事情。工兵部的连长王耀南首先想到的是制造渡江工具。可是，由于敌人有准备，他们逃跑前对附近村庄进行了严重破坏，别说渡船，就连一支木桨、一块像样的木板也很难找到。乘船渡江显然是不可能了。架桥呢？不要说没有材料，就是有，水流急，敌人居高临下地阻击，也是不行的。王耀南急得满头大汗。

正在这时，军委总参谋长刘伯承和军委作战局长张云逸走了过来，刘伯承拍拍王耀南的肩膀说："我们的确在短时间内找不到可用的架桥材料，却可以及时发动队伍中的各种能手。"

刘伯承的话点醒了王耀南，他立刻和工兵连的指导员一起向全军发出邀请，号召全军官兵共同参与，献计献策。

不一会儿，临时组建的架桥献策会就汇集了不少能人。当兵前，在家干过编竹活儿的战士杨玉宝兴冲冲地说："在家乡的时候，常看人家用编好的竹子当绳索，拽着它过河。这种绳索不易断，遇水还会更结实。咱们周围到处都是竹子，我看可以试一试！"

战士们积极发言，排长李景高举起手臂，大声地说："我是江西人，从小在赣江边长大，小时候跟着爸爸放过竹筏。能不能用扎好的竹筏，送战士们过江啊？"站在人群前面的刘伯承连连称道："好啊！好啊！这个提议值得实验一下。"

说干就干，从连里到团里，会做竹筏的战士个个踊跃报名，为全军渡江贡献出自己的力量。大家伙儿挽起袖子，开始分工。先是有人去砍竹子，随着竹子不断运来，一些战士围坐在一起编竹绳，另一些战士则开始扎制竹筏。

团结起来做工作，效率非常惊人，才一会儿工夫整齐的竹筏就做好了，被陆续送到江边。红军战士们将其用绳索连接起来，准备着在乌江上架起一座桥。

据先遣侦察队的汇报，敌人在乌江对岸安排了小股力量准备伏击过江的红军。于是，组织决定兵分几路渡过乌江。

负责指挥渡江战斗的，是红一团的团长杨得志。他曾多次在反"围剿"战斗中立功，在中央苏区工农兵代表大会上获得三级红星荣誉奖章。从担任通信警卫排排长到如今的团长，杨得志一步一个脚印，先后经历了井冈山、中央苏区等地的大规模战役。

经过了多次战斗洗礼的杨得志，积累了很多实际指挥和作战经验。面对汹涌澎湃的乌江，杨得志先是从队伍中挑选出来八名水性好的战士，组成第一批突击队。为了尽可能保证几名战士的安全，杨得志特意为他们准备了充足的武器和弹药。

岸边等候着十多名战士，他们齐心协力把竹筏慢慢推向江边。八名战士接连跳上竹筏，迎着刺骨的风，朝着冰冷的江水前进。在没有船桨的情况下，战士们手里拿着竹竿奋力划水。

夜幕下，八名战士的身影越漂越远。岸上的人眼睛紧盯着竹筏，大概前进了 5 米、10 米、15 米……

江中除了大浪，还暗藏着巨石和一个个危险的旋涡。站在岸上的人时刻在为江中的战士们揪心。杨得志心底里不住地呐喊：一定要坚持住啊！成功就在前方！

杨得志恨不得自己也跳进江中，与战士们共同前进。他心想：时间如果能过得快些就好了，如果此刻就能听到到达彼岸的枪声就好了……

突然，旁边的人大喊一声："不好！"杨得志赶快望向江心，只见江水无情地卷起竹排、卷起战士，一时间几个模糊的人影被江水冲得不见踪影。杨得志急忙拿出望远镜，但是他眼中看到的却是一片涌动的江水，从这边望到那边，再怎么找也寻不见几名战士的身影。

此时，杨得志缓缓放下手中的望远镜，目光直视着前方，久久没有说话。岸上也是一片寂静，很多人都默默流下了眼泪。八名战士为全军渡江贡献出了宝贵的生命，在大家的眼中看到了对八名战士的崇敬之情。

第一次渡江的失败，并没有击垮杨得志和战士们的心。

第二次渡江即将开始。杨得志与黎林政委商量着接下来的渡江方案。战士们争先恐后地报名加入渡江队伍中，第一营营长孙继先挑选了十多名水性良好的战士。同时，在武器装备上也同之前一样，还在竹筏上增添了几个稳固的扶手，以便战士们在竹筏上抓得更牢。

这次杨得志重新选择了一个水势较为平缓的地方作为起点。他依次与战士们握手，并嘱咐他们一定要注意安全。在战士们即将出发的时候，孙继先大声说："你们一定要顺利抵达对岸，哪怕只剩下一个人也要坚持到最后，所有人的希望都寄托在你们身上了！"

夜晚，乌江边上格外寒冷。战士们迎着凛冽的风鱼跃式地跳入江中，又敏捷地爬上竹筏。岸上人的心再次悬了起来，他们与战士们挥手致意，注视着竹筏不断前行。

竹筏刚刚入江不久，就听到了对岸一声巨响。对岸的敌人在放冷枪，江中的战士们更是生死未卜。雨越下越大，杨得志根本看不清前方发生的情况，心里十分焦急。

"砰砰！"两声枪响，让岸上的人心里一颤。"是暗号！"黎林政委激动地说。此时，杨得志也肯定地说："没错！就是从对岸山下传来的枪声！"

紧接着，杨得志猛地挥手，说了句："出发！"只见早已做好准备的战士们迅速乘竹筏一起划向江面。与此同时，红一团、三团指战员负责打掩护。他们集中火力与对岸敌人展开了猛烈的对战。

到达彼岸的战士相互协作，既有攻又有守，让敌人方寸大乱。趁着这个时候，江边的战士们接连乘坐竹筏向江心进发。

对岸炮火声连连，夹杂着战士们的呐喊声。杨得志欣慰地说："老黎，我们胜利在望了！"说着，他激动地拍着政委黎林的肩膀。

"呀！你的身上全都湿透了。"感觉到黎林肩膀溅起的大片水花，杨得志惊叹地说。

"不要说我了，你的全身不也一样。比起江中的战士们，这又算得了什么呢？"黎林说着，双眼望向江中。一只只竹排在密集的炮火掩护下启程，天险乌江终于被杨得志率领的红一团突破了。

1月5日，骄阳当空，毛泽东从江河界渡口顺利渡过乌江。

看着激流勇进的"天险"，毛泽东仰天长叹："勇敢的中国红军过江喽！"

然后，毛泽东信手整理了一下被风吹乱的头发，对旁边的人说："在一无材料，二无工具的条件下，我们工农红军竟然可以搭建这样一座令人惊叹的浮桥，应该算是世界上绝无仅有的创造吧。"接着，毛泽东更加自信地说："这样看来，我们中国红军就是一个不可战胜的队伍啊！"

1935年1月2日至5日，红军取得了长征以来的首次胜利，击溃黔军6个团，俘获敌人500多人，缴获大量武器弹药。红二师、中央红军、中央纵队先后突破敌人防线，顺利渡过乌江，彻底转被动为主动，一雪前耻。

（选自《长征的故事》）

【思考探究】

一、红军是怎样取得乌江战役的胜利的?

明确: 经毛泽东、周恩来、朱德等人商讨决定,先以偷渡的形式渡江,如若失败,再进行强渡。偷渡未能成功,随即采取强渡。强渡前,号召全军官兵献计献策,最终决定采取编竹绳、扎竹筏的方法,用竹绳把竹筏连接起来,然后兵分几路强渡。第一批突击队失败后,又组织第二批突击队。在红一团、三团猛烈炮火的掩护下,终于突破乌江天险。

二、说说"江中除了大浪,还暗藏着巨石和一个个危险的旋涡"这个句子的表达效果。

明确: 描写了乌江的险恶环境,既突出红军突破乌江的艰难,又表现了红军突破乌江的大无畏精神。

3 "红军菩萨"的故事

【阅读提示】

在遵义红军山有一尊雕像，那是一位红军女卫生员怀抱病弱的孩子在专注喂药。一年四季，雕像周围总是花团锦簇、鲜艳美丽。中间那个香炉永远是清香缭绕。

这么，这位红军女卫生员是谁呢？为什么那只香炉里永远清香缭绕呢？

其实，这尊雕塑的原型并不是女性，而是一位二十出头的小伙子，他就是当年红三军的卫生员龙思泉。他深受百姓爱戴，牺牲后，就被当地百姓称为"红军菩萨"。

1935年，红军长征部队来到遵义的时候，驻在桑木垭的一个连队，有一个年轻的卫生员，他有一套高明的医疗技术，更有一颗全心全意为人民服务的赤心。当战友们忙着打土豪，并给老百姓分粮食、衣物的时候，卫生员就终日忙着给老百姓诊病、送药。由于他耐心、细致、热情高，经过他诊治的病人，不管病情是轻是重，都医治好了。因此，红军卫生员医病医得好的消息越传越远，周围几十里的农民，都找他去看病，不管白天夜晚还是下雨刮风，只要有人找他，总是立即随着来的人去，一天忙得饭也吃不好，觉也睡不安。

一天傍晚，有个十二三岁的小孩跑到连队里找卫生员，说他爸爸病了，一身烫得像火烧一样，要卫生员赶快去为他爸爸诊病。卫生员一听病人发高热，立即报告了连长，随着来人翻山越岭跑了十几里路，才到了病人的家。他看病人是患伤寒，发着高热，病情非常严重，立即给病人打了针、喂了药。虽天已至深夜，应该返回桑木垭了，但是为了把病人从危险中抢救过来，他一直坐在病人身边观察病情变化，随时给以治疗。

就在这天夜里，他们连突然接到上级的命令，要在拂晓前出发。但是卫生员没有回来，怎么办呢？派人找他吧，又不知道他的去处是什么寨子，几处查问也无结果，等了又等，还是不见他回来。出发时间到了，连长只好留下一张字条，让房主人刘大伯交给卫生员，叫他沿着部队出发的路去追赶队伍。

天亮以后，还不见卫生员回来，老百姓都替他担心：红军队伍已出发这么久了，他再不来怎能赶得上呢？红军一走，反动派就要来了，这对卫生员是非常危险的。因此，刘大伯和几个老农民正在高坡上焦急地望着卫生员去诊病的方向，等了半天才看到他急急地走来。刘大伯急忙迎上去，把连长留下的字条交给他。他看了字条大吃一惊，遂向刘大伯等道别，就急速地向部队去的方向跑去，刘大伯等人还没来得及叮嘱卫生员要多加小心，他就一溜烟地不见了。

卫生员走了以后，几个老农民怕出什么意外，仍然站在高坡上观察动静。时间不久，就在卫生员去的方向，靠尹家屋基后面传来一下枪声，这几个老农民的心情突然紧张起来，猜疑发生了不幸的事情。约莫半顿饭的时间，忽见伪保长家的几个狗腿子背着枪从尹家屋基那面走过来，知道事情更加不妙。等他们走过后，刘大伯几个老农民赶忙往枪响的方向跑去。走到桑木垭场口，果然看见卫生员躺在血泊里，已经被这群刽子手杀害了。刘大伯几个人看到这个情形，不由伤心地落下了眼泪。卫生员给这里的贫苦老百姓医好很多的病，这次又是因为给老百姓治病，不能和部队一块走，才遭了这帮伤天害理的禽兽的毒手。红军一切为了老百姓，我们也得对得起红军，卫生员被杀害了，他的尸体可不能再遭践踏。在刘大伯的提议下，他们几个老农民当天就把卫生员就地安葬了。

红军虽然走了，但是红军对穷人的好处，却深深地印在老百姓的心里。红军北上抗日以后，反动派对劳动人民进行疯狂的报复，对老百姓的剥削、压榨更是变本加厉，这就使老百姓更加怀念红军，盼望红军了。特别是刘大伯和那些红军给他们分了粮食、衣物，替他们报了仇、雪了恨的穷人。红军卫生员给看过病的人，对红军的怀念更为殷切。在那黑暗时代，人们盼不来红军，他们只好把希望寄托在红军坟上了。老百姓有苦没处诉，就到红军坟上来诉诉苦或吐露一下自己的心情。他们热爱红军，也热爱这座红军坟。

红军北上以后，遵义专区伪专员高文伯到团溪，路过桑木垭，看到了这座红军坟，他又惊又气，立刻把伪保长张建秋找来，命令当天把坟挖掉。桑木垭和附近几个寨子里的老百姓，听到伪保长喊大家挖坟，又气又恨，在他的威逼下，只得勉强徒手往坟边走。张建秋一看大家没带锄头，也没带撮箕，跺脚捶胸，大发脾气。伪保丁、狗腿子找来了锄头，老百姓谁也不肯动手。张建秋气急了，拿起锄头亲自动手挖，刚把他面前的一块石头撬动，上边的泥土、碎石轰隆一声塌下来，把他的脚砸伤了，老百姓趁势一哄说："红军显圣了！"便向四面逃散了。愚笨的伪保长张建秋满脑子封建迷信，见众人跑散，心里更慌，也顾不得脚伤，就跑回家去了。老百姓本来就盼望红军显圣的，自此以后，他们也就真的把红军坟当作神灵来看待了。谁家有人出门未归，家里人就到红军坟来，求红军保佑平安无事；谁家有人病了，也到红军上来许愿；甚至谁家没有生儿养女，也来红军坟托福祈祷。碰巧，家人平安回来了，病人好了，或真的生了儿女，他们就说红军有"灵验"。就这样一传十，十传百，远近几十里的人，经常有人来烧香、烧纸。红军坟在老百姓的心里，真的成了救苦救难的菩萨了，大家也更加爱护红军坟了。凡来烧香还愿的人，差不多都要给红军坟添添土，有的还在坟旁栽了树，种了花，于是红军坟越来越大，越来越壮丽了。

伪专员高文伯，不久又从红军坟旁边经过，他见坟比以前更大了，而且坟前还有香火，这使他更加吃惊。他觉得伪保长张建秋不会办事，于是又命令伪保董肖炳文去监督挖坟。刘大伯和桑木垭的很多老百姓再也忍不住了，他们拿着锄头、镰刀，愤怒地质问肖炳文："你们为什么要和这个坟作对，红军坟能替我们免灾除病，你们要挖它，也是和许多的老百姓作对。"肖炳文被质问得无话可答，就恫吓老百姓说："谁敢反抗就是共产党，马上把他逮捕起来。"于是，督促他带来的保丁动手挖坟。那些保丁听说红军坟有"灵验"，心里早就有些怕，一个保丁一不小心，锄头脱落在脚面上，砸得鲜血直流，他以为红军坟真的有"灵"，心里更加发慌，刘大伯他们乘机大喊："红军又显圣了，红军坟动不得！"吓得保丁浑身发抖，慌忙跪在坟前，磕头认罪。

肖炳文见老百姓骚动起来，甚为害怕，连忙向伪专员打电话报告，并派兵前来助威。兵来了，肖炳文的狗胆也壮起来了，耀武扬威地叫兵丁、狗腿子挖坟。

红军坟被挖了，肖炳文觉得很称心，但是老百姓并不罢休。

刘大伯对寨子里的老百姓说："红军打土豪，分果实，样样为的是我们穷人，卫生员也是为了老百姓牺牲的！我们不能眼看着红军坟被挖掉不管，要想把坟再堆起来也并不难，我们每个人抓一把土，叠一块石头就行了。"大家都同意他的意见，并且很快地传遍了附近各个村寨。从此，不管是下田做活还是赶场、走亲戚，只要他们从坟旁边过，都要用各种办法，从很远的地方带泥土和石头往红军坟上放。就这样，红军坟又堆起来了，而且比以前更坚固。遵义解放了，中国工农红军——中国人民解放军回来了，劳动人民的苦难、忧愁一去永不复返，为了使人们便于瞻望红军坟，悼念为百姓牺牲的红军卫生员，现在红军坟已被迁入了遵义市红军山烈士陵园里。

（选自《"红军与遵义"故事集》）

【思考探究】

为什么遵义老百姓把"红军坟"（葬有红军卫生员龙思泉）称为"红军菩萨"？

明确：因为红军卫生员龙思泉有一套高明的医疗技术，更有一颗全心全意为人民服务的赤心。由于他耐心、细致、热情高，经过他诊治的病人，不管是病情轻重，都医治好了。为了给老百姓看病，没能和部队一起走，在刚出发追赶部队途中被反动派杀害了，老百姓就地把他安葬了。老百姓热爱红军，也热爱这座红军坟。

第一次是伪保长张建秋带头挖坟被石头砸伤了脚，老百姓说："红军显圣了！"吓跑了张保长。

自此以后，他们也就真的把红军坟当作神灵来看待了。谁家有人出门未归，家里人就到红军坟来，求红军保佑平安无事；谁家有人病了，也到红军坟上来许愿；甚至谁家没有生儿养女，也来红军坟托福祈祷。碰巧，家人平安回来了，病人好了，或真的生了儿女，他们就说红军有"灵验"。就这样一传十，十传百，远近几十里的人，经常有人来烧香、烧纸。红军在老百姓的心里，真的成了救苦救难的菩萨了，大家也更加爱护红军坟了。

第二次肖炳文督促他带来的保丁动手挖坟。一个保丁一不小心，锄头脱落在脚面上，砸得鲜血直流。刘大伯他们乘机大喊："红军又显圣了，红军坟动不得！"吓得保丁浑身发抖，慌忙跪在坟前，磕头认罪。

第三次是伪专员高文伯派兵挖坟，红军坟终于被挖掉。但后来，红军坟又再次被老百姓堆了起来，而且比原来更坚固。

正因为红军卫生员获得了老百姓永远的爱戴，因此，在老百姓心中就成了救苦救难的"红军菩萨"。

4 "哑巴"红军

【阅读提示】

　　长征中，红军不光是跋山涉水、风餐露宿，还要面对敌人的围追堵截，因此，条件非常险恶，行军途中，必然会产生伤病员。那么，这些伤病员跟不上部队行军时，是怎么生存下来的呢？

　　在桐梓城里，土豪劣绅、民团乡勇没嚣张几天，又销声匿迹了，凭以往经验，人们直觉红军要回来了。因为在军阀混战中，不管谁来，这些老爷及其走狗们是决不躲藏的，唯有红军才使他们闻风丧胆。

　　红军第二次到桐梓是在 1935 年 2 月，某一天下午六点钟左右突然出现的，从九坝方向来，西门进城。一些消息不灵通的土豪劣绅家属，正从乡下回城，临时又不得不慌慌张张躲藏起来。

　　红军走后，留下了一个伤员，被桐梓居民李海庭收留保护了下来。李海庭人称"李二爷"，是一个做善事的人。

　　李二爷将红军伤员拉进门不久，川军便进城了，老两口将伤员安排在靠近厕所的一间堆放柴草的狭小屋子里，门口内外塞满乱草。

　　李二爷找了一些草药来给伤员治病，伤员一天天好了起来，因为口音不同，李二爷也没有询问他姓名。而且，伤员的事，左右邻居都是知道的，但是大家都不说，并且还暗中给李二娘送来一些帮助。由于群众的掩护，使这个失散的红军伤病员躲过了敌人的清查并且把伤也治好了。

　　川军过后，来了蒋介石薛岳的中央军，中央军都是外省人，本地人统称为下江人，下江人的口音多起来，可以浑水摸鱼，一走了之。李二爷就想法让这个伤员去找红军部队，不能老躲着，老两口便决定让他先外出去担水卖，这并不要本钱，水桶、扁担有现成的，那时虽然搞保甲制度，但户口控制不严格，同时挑水卖也没得哪个来盘查身份。

　　李二爷叫他不说话，装哑巴，大家也叫他"哑巴"，哑巴穿上李二娘给他补的一套她大儿子穿过的旧衣，戴上一顶破斗笠，就挑水卖，大家都心照不宣。

哑巴虽被群众掩护下来，但潜伏着的危险并未消除，且也不能如此长久待下去，一旦暴露，受影响的就不只是一个人、一家人了。哑巴也考虑到这点，决定离开，他说找不到红军部队就回老家，至于路上可能遇到的麻烦，如口音问题，他能想出办法应付过去。

哑巴离开李二爷家的头天晚上，李二娘把他挑水积存的几吊钱交给他，又自添了两三吊钱，合银圆不过一块多一点，让他作路费。

哑巴接过钱，禁不住热泪直流，老两口也泪珠滚滚，而各人的心思却不相同。这一去究竟是福是祸都难以预料，一种说不出的隐忧重压在曾经失去了两个儿子的两位苦命老人的心头。这一夜，三人都睡不着觉。

第二天天不大亮，哑巴悄声告别李二娘，由李二爷送他出城，仍装着去挑水的样子，上午李二爷挑着一对空桶回来，邻人们才知道哑巴已独自远去。

（选自《"红军与遵义"故事集》）

【思考探究】

"哑巴"红军真是哑巴吗？他是怎样隐藏起来的？后来，他为什么要离开把他隐藏起来的李二爷一家？

明确：不是。李二爷老两口先把他安排在靠近他家厕所的一间堆放柴草的狭小屋子里，门口内外塞满乱草，李二爷找一些草药来给他治病，左右邻居暗中给李二娘送来一些帮助，由于群众的掩护，使这个失散的红军伤病员躲过了敌人的清查并且把伤也治好了。后来李二爷就想法让这个伤员去找红军部队，不能老躲着，老两口便决定让他装哑巴先外出去担水卖，他就这样被群众掩护了下来，但潜伏着的危险并未消除，且也不能如此长久待下去，一旦暴露，受影响的就不只是一个人、一家人了。哑巴考虑到这点，决定离开把他隐藏起来的李二爷一家。

5　征服雪山

康克清

【阅读提示】

对于长征的亲历者来说，曾经的戎马倥偬、峥嵘岁月已经远去。但反"围剿"、穿峡谷、翻雪山、过草地等一幕幕经历却在他们的心中烙下深深的印记。

1935 年 6 月中旬，红军总部跟随先头部队从宝兴县出发，来到夹金山下。这是个有二百户人家的大村庄。夹金山海拔四千多公尺，上面终年积雪。山上白云缭绕，有时露出山顶，像个披着白色斗篷的巨人。这边山脚下却是树木葱茏，片片翠绿。雄踞在四周翠绿和灰色岩石上的雪山，并不叫人觉得可怕。

大家知道翻过夹金山，就可以同红四方面军会师了，都非常高兴，急着赶快翻过山去，却不知雪山的厉害。这时，总部根据先头部队第一天爬雪山的经验，要求做好充分准备，并严格规定人人应当遵守的事项：脚要用布包好，穿上草鞋，鞋带要系得不紧不松；山上不准猛跑，要稳住劲一步一步上去；非十分必要，不准大声说话、喊叫，以减少体力消耗；不准因为疲劳在山顶坐下休息，要争取在上午十二点以前翻过山去，因为午后山上常有暴风雪。我按规定给总部人员作动员布置，又做了一番检查。

第二天，提前吃早饭，部队就出发了。从山脚往上走。一个多钟头里好像经历从夏到冬的季节变化。越往上走，树木越少，后来只见一块块草皮，最后完全是岩石和积雪了。一眼望去，除了黑青色的山石，就是一片白雪，炫目刺眼，使人不敢久看，常常要把眼睛眯成一条缝才觉得舒服一点。

不知什么缘故，到硗碛村我就感到有点气短。问别人，也有同样的感觉。医生说，这叫高山反应，爬山时要特别当心。早晨，我一点饭也吃不下，在别人劝说下，勉强吃下半碗饭。开始爬山时，只觉得浑身无力，头晕。这时，李伯钊走到我身旁，见我的样子说："你高山反应这么重，为什么不骑马？不然，你就过不去夹金山。"

有规定，为防冻坏腿脚，爬山时，所有的人一律不准骑马。

她帮我背起粮袋，准备扶着我走。事先已经有人给我找了一根拐棍，我不肯让她扶，自己拄着拐棍走，她还是寸步不离我的左右。遇见陡坡的地方，她就过来扶一把，防我跌倒。有她在身旁，我觉得心里踏实不少。但是越往上走，越感到气短，有点憋得喘不过气来。到了有雪的地方，两条腿再也抬不起来，浑身软绵绵的，只想坐下来歇歇再走。李伯钊死命拽我往前走，说："千万不能坐下，一坐下就起不来了。"

果然，走到前面，看到两个人，身上盖上一层雪。我有点奇怪，过去推一推，竟是两个早已冻僵的红军战士。我惊出一身冷汗。他们大概是昨天过山，在这里一休息，再没有起来。

我俩默默地再没有说话，面前是一场艰巨的考验。我咬紧牙关，在她的帮助下重新迈开了步子。但是走了不大工夫，在急促的喘息下，渐渐又感到难以支持了。李伯钊因为帮助我，也累得上气不接下气。我想自己过不了夹金山，可不能把她也连累了。就站住脚，叫她别再管我，可她哪里肯听。我这时累得连眼皮都难以睁开了。

"指导员！你怎么啦？"

耳旁一声轻轻的呼唤，把我惊醒，原来是老总的马夫。他正赶着老总那头驮东西的骡子走到我的身边，看见我这副模样，把骡子赶到我面前说："指导员！你拽住骡子尾巴，要拽紧，千万不能撒手，这样跟着就行啦！"

我听了他的话，心头一亮，抬头看准了，猛使劲一把拽住骡子的尾巴，又在手臂上绕了一圈，然后指指李伯钊，想叫她也来。李伯钊闪到一边，摆摆手，意思是只要我有了办法，她能自己翻过山去。

骡子力气大，它一走，我不用费劲，就跟着走了。这骡子十分老实，仿佛知道我在后面，总是一步一步，不快不慢，稳扎稳打地前进；遇到沟坎陡坡或向下走时，总要停一下好像使我有所准备。

走了大约半个小时，我又觉得不行了。不但气喘乏力，更感到两手被骡子尾巴缠得发酸、发麻、发疼，几次想松开歇一歇。可是我必须经住这个考验。我咬紧牙关，眼前除了骡子尾巴，它那圆而肥大的屁股，骡子背上的被囊和骡子头上的两只耳朵，全是一片白雪，脑子里仿佛什么都消失了。

不知过了多久，忽然眼前出现湛蓝的天空，阳光刺眼，冷风扑面吹来。

"啊！我们终于到山顶了！"李伯钊沙哑着喊了一句，我顿时感到一阵轻松，艰难地前行几步，来到顶峰的另一边，朝下一看，脚下雪山一片，远处是碧绿葱茏的世界。这时，我看见许多人坐下来，顺着前面的人滑出的许多条雪道往下滑。马夫对我说，从这里下山再不用拽骡子尾巴了，他要带骡子走另外一条路。我的两只手已不听使唤，张不开了，揉搓一会儿，才渐渐恢复了知觉。山顶风大，不能停留，我们立即坐下，顺着别人滑出的雪道，向下滑去。耳边风声呼呼，巨石、积雪飞掠而过，身不由己地向下降落，心里一片茫然，不知要落到什么地方。现在回想起来，那真是惊心动魄的一幕。

我们很快滑到了雪线的边上，从这里站起来往下走，已不用再费多大力气。回头看看那些雪道上，许许多多小黑点正在向下滑；另一边不远的地方，马夫正牵着骡子和运输队一起，沿着一条陡峭的山路一步步向下走。

（选自《长征的故事》）

【思考探究】

一、康克清在翻越雪山时遇到了哪些困难？她是如何克服的？

明确：一眼望去，除了黑青色的山石，就是一片白雪，炫目刺眼，使人不敢久看，常常要把眼睛眯成一条缝才觉得舒服一点。

不知什么缘故，到碛碛村我就感到有点气短（高山反应）。早晨，我一点饭也吃不下，在别人劝说下，勉强吃下半碗饭。开始爬山时，只觉得浑身无力，头晕。事先已经有人给我找了一根拐棍，自己拄着拐棍走。

但是越往上走，越感到气短，有点憋得喘不过气来。到了有雪的地方，两条腿再也抬不起来，浑身软绵绵的，只想坐下来歇歇再走。我咬紧牙关，在李伯钊的帮助下重新迈开了步子。

但是走了不大会儿工夫，在急促的喘息下，渐渐又感到难以支持了。累得连眼皮都难以睁开了。老总的马夫正赶着老总那头驮东西的骡子走到我的身边，看见我这副模样，把骡子赶到我面前说："指导员！你拽住骡子尾巴，要拽紧，千万不能撒手，这样跟着就行啦！"我听了他的话，猛使劲一把拽住骡子的尾巴，又在手臂上绕了一圈。骡子力气大，它一走，我不用费劲，就跟着走了。

走了大约半个小时，我又觉得不行了。不但气喘乏力，更感到两手被骡子尾巴缠得发酸、发麻、发疼，几次想松开歇一歇。可是我必须经住这个考验。我咬紧牙关，眼前除了骡子尾巴，它那圆而肥大的屁股，骡子背上的被囊和骡子头上的两只耳朵，全是一片白雪，脑子里仿佛什么都消失了。不知过了多久，忽然眼前出现湛蓝的天空，阳光刺眼，冷风扑面吹来。我们终于到山顶了！

二、试分析下列段落的表达效果。

果然，走到前面，看到两个人，身上盖上一层雪。我有点奇怪，过去推一推，竟是两个早已冻僵的红军战士。我惊出一身冷汗。他们大概是昨天过山，在这里一休息，再没有起来。

明确：侧面描写。这段文字描写了昨天爬雪山时两个战士坐下来休息导致冻僵而失去生命，衬托了雪山的险恶环境。

第二单元

★　★　★　★　★

单元说明

　　本单元五篇文章均选自我国当代作家石永言长篇纪实小说"长征三部曲"之一——《命运》。

　　小说，是以刻画人物形象为中心，通过完整的故事情节和环境描写来反映社会生活的文学体裁。

　　纪实小说，现代小说的一种，又称纪实体小说。指在搜集事实材料基础上加以概括、提炼、艺术虚构而写成的小说。这种小说是现实主义小说发展的一个分支，同时也受到新闻、报告文学发展的影响。纪实小说往往根据报刊文章、法庭记录、档案文献等写成，也可根据调查、访问等搜集的第一手材料写成。作品多具有较强的政治倾向和道德意识。

　　阅读纪实小说，要学习概括故事情节，分析人物形象，归纳主题，把握叙述、描写方法和主要表现手法，品味作品中富于表现力的语言，能初步领悟作品的内涵，从中获得对自然、社会、人生的有益启示。

6 喋血湘江

石永言

【阅读提示】

1934 年 10 月，第五次反"围剿"失败后，中央主力红军为摆脱国民党军队的包围追击，被迫实行战略转移，退出中央根据地，进行长征。

10 月 10 日，中共中央、中革军委率领中央红军第一、第三、第五、第八、第九军团及中央、军委直属队共 8.6 万余人，从江西省瑞金、古城等地出发，开始战略转移，准备到湘西地区同红二、红六军团会合。

10 月 17 日，中央红军由雩都（今于都）南渡贡水。21 日，中革军委以红一军团为左路前卫，红三军团为右路前卫，红九军团掩护左翼，红八军团掩护右翼，中央和军委机关及直属队编成的两个纵队居中，红五军团担任后卫，从王母渡、新田之间突破国民党军第一道封锁线，于 25 日全部渡过信丰河（桃江）。此后，中央红军继续以这种甬道式队形，携带大量的物资器材，沿山路缓慢西进，直到 11 月 15 日，才先后从湖南省汝城以南的天马山至广东省的城口间、湖南省的良田至宜章间通过第二、第三道封锁线，进至临武、蓝山、嘉禾地区。这时，蒋介石以 16 个师共 77 个团实施"追剿"，并令粤军、桂军共 9 个师进行堵截，企图围歼中央红军于湘江以东地区。

11 月 25 日，中革军委决定，中央红军分 4 个纵队，从兴安、全州间西渡湘江，前出到湘桂边境的西延山区。27 日，中央红军先头部队第二、第四师各一部，突破国民党军第四道封锁线，渡过湘江。国民党军以优势兵力南北对进，在飞机的支援下向红军猛烈进攻。红军在湘江两岸浴血奋战，经过新圩、直岭头、界首、脚山铺、咸水等战斗，挡住了国民党军的猛攻，掩护中共中央、中革军委和直属队于 12 月 1 日渡过湘江。但是，红军却遭到惨重损失，红五军团第三十四师和红三军团第六师第十八团被阻于湘江东岸，指战员大部分都牺牲了。

本故事就发生在湘江战役中彭德怀指挥下的红三军团……

清晨，三军团设在湘江畔的司令部里突然响起急骤的电话铃声。

"报告军团长，五师胡参谋长和黄团长英勇牺牲了……战士伤亡更大……"

彭德怀放下西门子电话的话筒，耳边嗡嗡乱响，脑子几乎要炸裂了。

刚才的电话是五师师部从新圩驻地打来的。

看得出来，彭德怀有好几夜没合眼了。他的眼皮有些儿浮肿。眼睛四周罩着一圈深深的黑晕，脸庞也比突围前瘦多了，而且脸色越来越差。他在遭受过极度的重创之后，红着眼在渡江指挥所里反剪着手走来走去。

他的指挥所设在离湘江渡口界首仅几百米远的一座祠堂里。他同政委杨尚昆一起，指挥着冲破国民党三道封锁线后的红三军团余部，在湘江边掩护党中央的人马、挑子、辎重、坛坛罐罐，艰难地渡过江去……

本来，他的部队已经损失很惨重了。他与林彪、聂荣臻指挥的红一军团，一直视为中央红军（红一方面军）的主力，西征以来，一直是开路先锋，冲杀在大搬家队伍的前面。在冲破粤军余汉谋部设置于固坡线的封锁线的那个秋风萧瑟的深夜，曾追随过他参加平江暴动的一员猛将、年仅二十五岁的四师师长洪超，已经捐躯了。那么，师以下牺牲的团、营、连级干部，就可想而知了……

"轰隆……"敌人的一颗迫击炮弹落在离祠堂不远的山丘边，掀起的尘土、碎石、灌木杆子袭击着三军团的指挥所。那些小石头像冰雹似的打得祠堂上面的小青瓦稀里哗啦乱响。

三军团的指挥所实在太零乱了。西门子电话机搁在一张八仙桌上，线拐子则随便扔在桌下，方桌旁边的炭火盆里，燃烧着几节青杠炭，由于木炭在窑子里面没有烧好，烟头直冒淡蓝色的浓烟，将屋子弄得烟雾腾腾的。说起来，桂北的深秋并不算寒冷，烤火取暖早了一点，但为了烧开水，于是白天黑夜一直生着火，那把长嘴的锡茶壶在火盆边冒着丝丝的热气，像在喘息，像在呻吟……

指挥所里用门板搭的两张铺也是乱糟糟的，稻草上面的垫单，脏得要命，已经分辨不出是什么颜色了，如果仔细辨认，才能看清是蓝色条子的江西蜡染土布，那床灰布夹被，也是乌黑的，弥漫着汗臭。

这两张临时搭起的床铺，彭德怀与杨尚昆也很少光顾。哪怕铺盖再脏，加之虱子的骚扰，只要一躺下来，他们便会深深睡去。但是，此刻哪容他们合一会儿眼睛！他们已经在江边顶了好几天了，严峻的任务不允许他们有丝毫的懈怠，何况由总司令部三局频频拍来的电报明明告诉他们：

　　"'红星'纵队正在向江边前进……"

　　"'红星'纵队已接近江边……"

　　"'红星'纵队先头已开始渡江……"

　　这一份份不同寻常的电报牵动着他们紧张的神经：

　　"坚持！"

　　"坚持！"

　　"再坚持！"

　　"不惜一切牺牲！"

　　"不惜一切代价！"

　　彭德怀和杨尚昆心里知道，这份电报神圣地命令他们，哪怕战斗到只剩下一个人，也要坚持着，也要顶住！

　　彭德怀还沉浸在刚才电话里向他报告牺牲了他的两员干将的巨大伤痛之中，对西征以来的迭陷重围、屡遭失败感到莫名的懊恼，他在心里恨恨地说："这打的什么仗？"这时参谋长邓萍急急闯进指挥所，

上气不接下气地对彭德怀报告说："军团长，五师阵地遭到敌人猛烈攻击，肉搏拼杀，苦战两昼夜，胡震参谋长、黄冕昌团长牺牲，战士死亡很多，他们一直以死相拼，坚持了三天，终于完成了阻敌的任务……"

"知道了。"彭德怀打断了邓萍的报告，"你赶快通知六师，留下一个团做掩护，主力随五师余部急渡湘江；命令四师在兴安与界首之间的光华铺，为确保党中央过江，不惜一切代价也要进行阻击……"

彭德怀说不下去了，浮肿的眼圈里漾着一层赤红，似快要燃烧起来的两颗火星。

【思考探究】

一、时任红三军团长的彭德怀同志在湘江战役中发现部队损失惨重后能否放弃阻击敌人从而避免更大牺牲？为什么？

明确：不能放弃阻击敌人。因为红军总司令部频频发来的电报告诉彭德怀，红星纵队已经开始渡江，电报命令红三军团的任务是阻击敌人，"坚持！""再坚持！""不惜一切牺牲！"确保红星纵队过江，确保党中央过江。表现了红军严明的军纪和服从指挥、不畏牺牲的革命精神。

二、请谈谈文章末尾段的表达效果。

彭德怀说不下去了，浮肿的眼圈里漾着一层赤红，似快要燃烧起来的两颗火星。

明确：神态描写。描写了军团长彭德怀在光华铺阻击战指挥时疲惫、焦急、悲愤的情态，反映了在湘江战役中红军尤其是红三军团官兵伤亡惨重，表现了红军在光华铺阻击战中英勇顽强、不怕牺牲的战斗精神，同时也反衬了当时红军的军事顾问李德的错误指挥。

7 光华铺在呜咽

石永言

【阅读提示】

　　1934年10月，由于受王明"左"倾路线的错误影响，红一方面军被迫离开中央革命根据地，从江西瑞金、福建长汀出发，进行人类历史上史无前例的长征。红军先后突破蒋介石设置的三道封锁线后，于1934年11月25日进入广西，蒋介石利用湘江天险精心设置了第四道封锁线，妄图歼灭红军于湘江东岸。27日红军先头部队渡过湘江，控制了界首镇，选定了渡江点，架设临时浮桥，28日三军团四师在光华铺一带设立阻击战场，防止桂系军阀阻止中央纵队在界首渡江。当日战斗打响，战场从湘江东岸至光华铺小山一带，由于无险要地势可守，四师十团团长沈述清、师参谋长代团长杜宗美等团、营、连级指挥员及战士千余人牺牲于此。战斗历时短短的三天，红军战士以血肉之躯和大无畏的钢铁革命精神，阻击了数倍于己的敌人多次进攻，取得了阻击战的胜利，为保护中央纵队顺利渡江写下英雄的篇章，红军英烈永垂不朽！

　　翻开红军三军团四师十团光华铺阻击战这一页，团长沈述清及其部属英勇阻敌惨烈牺牲的情景仍历历在目……

　　光华铺距界首大约两三里地，周围是一片比较开阔的丘陵，起伏不大较为平缓的黄泥地一直迤逦到江边，大树很少，只是稍为凸起的泥包上三三两两零星地生长着一些灌木、杂草。这样的地形，实在不便于扼守，很难抗击敌人的进攻。

　　"轰隆……轰隆……"

　　"砰砰砰……砰砰砰……"

　　光华铺的阵地上炮声、枪声交织成一片，夹着闪闪的火光。

　　桂军的炮弹、机枪子弹不断向四师的阵地倾泻过来。十团的防地首当其冲，可以说是暴露在敌人的火力之下。在敌人拼命轰击时，红军只得伏在临时挖掘的掩体里，躲避着。敌人一阵没命的炮击后，端着枪肆无忌惮地向十团阵地冲过来，嘶叫着一口难懂的广西土话。

红军战士从土堆里面钻出来，个个像泥人似的，有的头被炮弹片击伤，流出来的鲜血与炮弹掀起的泥土搅在一起，使刚浸出来的鲜血变成黑乎乎的一片；有的头被炮弹炸起的碎石划破一道道口子；有的则隆起一个个大青包。他们在敌人冲锋过来的当儿，愤怒地站起来，忘记了伤痛，忘记了一切，心中只有个单纯而坚定的信念：保卫党中央，保证军委纵队的首长们过江。其他，他们就没有想更多。于是他们以缺吃少穿、孱弱的躯体跃出掩体工事，咬着牙关向横冲过来的敌人呼叫着冲去。

红军的装备实在也太可怜了。他们的子弹带大多是干瘪的，里面盛有四五粒子弹的就算富有的了，他们简直不敢像敌人那样咿哩哇啦地一阵乱放枪。几乎每射击一次都要做认真的考虑，必须目测一下距离，近了，在射程之内才敢放枪。那些形同苦瓜的手榴弹呢，红军就更少了。那些连步枪、手榴弹也没有的士兵，只好挥舞着大刀杀上阵了。

二营长牺牲了，团长沈述清在二营的阵地上指挥着战士们英勇地抗击来敌。战士们在阵地上已经坚守两日了，昨晚才凑合着吃了一顿苞谷饭，算是慰藉一下辘辘饥肠。眼看凶狠的敌人快冲到二营的阵地面前，沈述清率领着全营战士从土丘上俯冲下去，苦瓜手榴弹在敌丛中开了花，遗下一些敌人的尸体。但这些红军在自己的根据地里生产的手榴弹，投掷出去有的竟不声不响，在敌人的脚下滚来滚去。敌人冲过来了，可以看见明晃晃的刺刀在深秋的阳光下闪着寒光。眼看二营的阵地即刻会被敌人夺去，沈述清奔跑在前头，与汹涌过来的桂军展开了肉搏。活着的战士看见自己的团长奋不顾身，也高喊着冲上前，刺刀、大刀向敌人刺去、劈去……

突围前夕才参加红军的江西小老表张毛福，在过第一道封锁线时腿受了伤，沈团长立即通知他留在当地养伤，张毛福在口头上答应了，可是部队出发后，他在后面一瘸一拐地悄悄跟着走，走了两天，才被团长发现："你这个倔小鬼，怎么不服从组织决定？"

张毛福一边走一边做着一副鬼脸嘟着嘴说："我常听大老表们讲，'生是红军的人，死是红军的鬼'。我也要做红军的鬼。"

沈团长重重地拍打着张毛福的肩胛笑着说："走，那就跟咱们一道走吧，我拿你这个小鬼真没有办法。"

小毛福的腿还没好，他看见团长冲在前面，也跛着腿紧紧奔跑在团长后面。这时，二营的阵地在敌人大举进攻面前完全乱了，不能不说是以劳抗逸带来的恶果。小毛福看得真切，团长在指挥大家反击敌人时，一颗子弹打中团长的左脚。团长挺不住，摇摇晃晃地倒在地上。正在这个时候，一个高个子桂军大步窜过来，举起刺刀直向躺在地上的团长刺去，小毛福急了，狂奔过去，咬紧牙关用自己的枪刺拼命拨开刺向团长的刺刀，团长一个急转身，忍着疼痛滚翻了几下，跌进一条壕沟。

高个子桂军见上来的是个红小鬼，声嘶力竭地吼叫起来："小共匪，来送死！"随即向毛福腹部刺去。毛福腿脚不便，躲闪不及，雪亮的刺刀直刺向他的腹部，当敌人的刺刀伴着毛福一声痛苦的嘶叫抽出来时，一股热血像喷泉一般从毛福肚内喷了出来。喷得高个子桂军的衣服上星星点点的，敌人恶狠狠地朝毛福脸上啐了一口唾沫："送你去见阎王，还不老实，呸！"

张毛福倒在地上，腹部痛如刀绞，他昏迷着用手无力地紧紧按着洞穿的腹部。他感觉有什么东西向肚子外面溜滑，流出来的东西冰凉冰凉地针刺般难受。他痛苦地勉强抬起头瞧了瞧，见是自己的肠子，于是他糊里糊涂地用全是泥星汗渍且又血迹斑斑的双手，将掉出来的肠子慢慢揉进腹内。他朦朦胧胧地仿佛听见枪声、炮声、手榴弹的爆炸声、厮杀声、骡马的叫声在他耳边一阵阵远又一阵阵近地传来。就在这时，一个桂军发现张毛福并没有死，还在地上挣扎，大步流星窜过来，举起刺刀直向毛福刺来。毛福在敌人冰凉的刺刀寒光中瞥见团长正跛着流血的脚举起汉阳造步枪朝临近他的敌人劈过去，不知从哪里来的一股力量，毛福忍着巨大的伤痛站了起来，无力的手持着枪，跟跟跄跄地和受伤的团长一起对付敌人，殊不知一下从四周涌过来十几个桂军，龇牙咧嘴地围着他俩，他听见一个拿着手枪的好像是个当官的大声说："算了，叫他们吃颗花生米，去见阎王吧。"蓦地，天地间响起"砰——砰——"的两声枪响，他什么也不知道了……

光华铺红军的阵地上到处是尸体，横七竖八的。有的是中弹死去的，血还在朝伤口外边淌；有的是与敌人拼刺刀时被刺死的，肌肉撕裂，骨头裸露；有的是被手榴弹炸死的，身首异处，难觅全尸；有的头部眼睛爆裂；有的只剩下半边面庞；有的少了一只耳朵；有的面部血肉模糊，淤血还在从可怖的伤口部位慢慢浸出，流到地上枯黄的野草上，与野草纠结在一起，结着一摊又一摊肮脏的血痂；有的缺胳膊；有的少腿；有的尸体口里还衔着敌人的鼻子，旁边则直挺挺地躺着敌人的死尸，露着一个空空的鼻腔，仿佛头上开了一个天窗。在这片狼藉的尸体群中，团长沈述清也与他的部属在一起，相亲相爱靠得十分紧密，他多么的不愿意与他的部下分开啊！

横陈在湘江畔的这批红军尸体，躺在漠漠的荒野，以大地为棺椁，湘江呜咽着奏起悲戚的哀歌从他们的身边淌过，遗恨绵绵。有的烈士眼睛鼓着，好像永无休止地张望着黑沉沉的天空，死不瞑目！

【思考探究】

一、在光华铺阻击战中，为什么四师十团团长沈述清、师参谋长代团长杜宗美等团、营、连级指挥员及战士千余人惨烈牺牲？

明确：首先，光华铺距界首大约两三里地，周围是一片比较开阔的丘陵，起伏不大较为平缓的黄泥地一直迤逦到江边，大树很少，只是稍为凸起的泥包上三三两两零星地生长着一些灌木、杂草。这样的地形，实在不便于扼守，很难抗击敌人的进攻。

其次，四师十团的官兵坚决执行军令，阻击敌人，"坚持！""再坚持！""不惜一切牺牲！"心中只有个单纯而坚定的信念：保卫党中央，保证军委纵队的首长们过江。

二、谈谈你对末尾段的理解。

明确：这是对在光华铺阻击战中壮烈牺牲的红军的描写和议论。描写了红军暴尸荒野的凄惨，衬托了在红军第五次反围剿中指挥的错误和对错误指挥的愤恨。

8 伟大的抉择

石永言

【阅读提示】

中央红军长征途中，在湘江上游与国民党军苦战五昼夜，突破了国民党军的第四道封锁线，粉碎了蒋介石围歼中央红军于湘江以东的企图。但是，中央红军也为此付出了极为惨重的代价。部队指战员和中央机关人员由长征出发时的 8 万多人锐减至 3 万余人。当此生死存亡之际，中央红军决定在遵义召开政治局会议。在遵义会议第一天的晚上，"最高三人团"之一的周恩来做出了一个重大决定。

周恩来清楚地记得：毛泽东在离开红军领导岗位，带着妻子贺子珍及特务员去瑞金城外二十里的东华山古庙养病时，以病弱的躯体，精神抑郁地握住他的手说：

"恩来，前方有事，通知一声，我即来。"

周恩来永远不会忘记毛泽东这顾全大局、服从组织决定（哪怕是错误的），不计较个人得失、掷地有声的话语，永远不会忘怀毛泽东那焦虑、彷徨、期待，然而始终燃烧着希望之火的眼神……

这就是中国共产党历史上宁都会议毛泽东释兵权的一段公案。

在这静夜里周恩来反躬自省，他觉得他自上海进入中央苏区后走过来的这段路程，极为曲折复杂，历史将他推向革命激流的旋涡，冲杀折腾。大波大涛，有时将他举向浪尖，有时又将他摔下深谷，在他跋涉过来的这条路上的一些人和事，一时他还说不清楚，对毛泽东的认识和理解，也不完全清楚，看来还需要一个过程。不过，当毛泽东被中央削掉兵权后，他时时记住按中央革命军事委员会的决定，自己是代理红一方面军的总政委之职，以致在他和朱德领导的第四次反"围剿"战役中，在部队拟定的作战命令或训令上，他常常用毛笔签上"有便送毛泽东一阅"几个字。这不简单是因为他是代理毛泽东总政委之职，似乎必须履行这一手续，也不完全是为了谦虚；应该说，这里包含着对毛泽东的尊重与依赖！

毛泽东的军事思想,虽然在某些方面暂时还不能与周恩来的合拍,但毛泽东自井冈山斗争以来四五年的战争实践所积累的一些经验,周恩来不认为没有用处。能否说,一方面军第四次反"围剿"战争的胜利,虽然毛泽东不在其位,周恩来、朱德等领导人在指挥红军作战时,从实际出发,仍按毛泽东的战略,结合他们的斗争艺术,在广大红军指战员的共同艰苦努力下,才取得胜利的。

自从第三国际派来的军事顾问李德进入苏区以后,周恩来在李德的顾问之下,再加上一个博古,他们合作指挥的第五次反"围剿"战役,就彻头彻尾的失败了。在军事上完全排除了过去毛泽东、朱德等在对付国民党军队进犯时逐步形成的一套行之有效的战略战术原则,实行了另外一套与此相反的所谓"新原则",或叫"正规原则"。不从中国的实际出发,照搬国外正规作战的经验,使中国革命付出了极其惨重的代价……

丢了根据地,野战军突围西征以来,一路上周恩来间接或直接地听到毛泽东、洛甫、王稼祥甚至还包括一些红军高级指挥员对错误的领导或多或少、或轻或重都啧有烦言。翻过老山界,大家对第五次反"围剿"战争的战略战术争论得尤为激烈。他听到的当然是谴责的多,在这一片谴责声中,可以说以毛泽东为其代表。有的人告诫过博古,毛泽东在适当的时机,会利用他在部队中的影响,在其部属的支持下,趁机夺取党和军队的权力,需要特别警惕。周恩来不这么认为,他考虑问题常常从大局出发,从一个共产党人所担负的道义出发,坚持真理,修正错误。如果从个人私利出发,不敢直面错误的东西,特别是自己的错误。相反,采取掩盖、辩护、文过饰非的做法,其结果虽然保住了自己,但会危及整个革命事业,这哪里有一点共产党人的气味?

周恩来对这段错误的历史痛苦地进行反思的时候，不得不自然地与毛泽东联系在一起。他深深地感到自赣南会议与宁都会议直到五次反"围剿"中对援闽问题的处理上，中央对毛泽东都有错，当然这个错有他的一份责任，他不能辞其咎。毛泽东自投身革命以来，不能说做的事全对，但毛泽东与朱德在一起，在第一、二、三次反"围剿"战争中，指挥红军打的那些胜仗是尽人皆知的。关于根据地的土地政策，毛泽东所主张的，难道没有一点道理？应该遭到批判？他感到毛泽东这几年来，受了不少委屈，他隐约地感到，中央和中央革命军事委员会历次对毛泽东的批评、指责，乃至处分，都是错误的。如指责毛泽东执行了所谓"立三路线"呀！走"富农路线"呀！搞"抽多补少，抽肥补瘦"呀！在军中犯了"极严重的一贯的右倾机会主义的错误"呀！"小团体主义"呀！"游击主义"呀！"党的事务主义者"呀！"个人英雄主义"呀，等等。周恩来不否认，过去他对毛泽东的批评指责，有时是发自内心的，有时则是勉强的，违心的……

　　既然过去对毛泽东有所误解，有时对毛泽东的处理有错，让他蒙受了不公正的待遇，就应该恢复毛泽东的名誉与地位。周恩来在脑子里逐渐得出这个较为明晰的结论。更何况，野战军一年多来，遭到国民党军重创之后，损失奇重，此情此景，在这个烂摊子面前，李德是无能为力的了。李德在第五次反"围剿"中的表现，已经够清楚的了。博古同志呢，马克思主义的书籍倒是读过不少，是个思想家、理论家，但不懂得军事。而自己呢，虽然搞过一些武装斗争，但也都基本局限在大城市里，譬如南昌起义呀，上海的三次工人武装斗争呀，像这样与国民党各路军队在广阔复杂的山地、农村作战，经验甚少，要领导好这场特殊的战争，应该说也无能为力。当前不改变领导，是难以将这支虎口余生的部队带往生路上去的。如果大家信任，继续要我周恩来负责，至少也要请毛泽东襄助，革命革到了这个时候，非得请毛泽东出马啦，让他来领导看看，是否能扭转危局？此时，周恩来从心底感到需要毛泽东支持，需要毛泽东的一份力量，需要与毛泽东的合作。哪怕这种合作开始会不太协调，可能还会出现别扭，他深信会逐步适应，最后达到步伐整齐，步调一致的。

　　周恩来这么想着，心里感觉踏实一些，随之产生一些轻松的感觉，身子似乎增添了一些力量。他暗下决心，明天，一定把这个意见带到会上，再听听大家的反应，估计问题不会很大。因为在白天的会上，洛甫、王稼祥已经明显地表示支持毛泽东的意见。如果毛泽东重新出来，他们肯定会支持。周恩来这么想着，本来十分疲惫的他，反倒一点睡意也没有了，眼前仿佛豁然开朗起来，他双手支撑着下巴，盯着马灯出神，心里反复叨念着一句话："明天，一定在会上说说这个意见。"

随即周恩来又想到了李德。李德在会上恼羞成怒的面容出现在他面前。也难怪，李德不远万里，来到中国，为了什么？他发疯了，愿意来受这份"洋罪"。虽然是第三国际的派遣，但在国民党军队前堵后追中，做这样艰苦的远征，对于一个外国人来说，实在不是一种轻巧的事啊！应该说，李德主观上是诚心帮助中国共产党人闹革命。如果说，他故意想把事情弄糟，那么，就委屈他了，冤枉他了。李德的错误，在于机械地教条地运用外国作战的经验，不从中国的实际出发。一个外国人，跟随一支可以说是濒于绝境的军队，在中国迂回曲折的大地上作这么漫长而又艰难的行军，世界上，只有李德一人。从这一点来说，他的国际主义精神是应该嘉奖的。没有一种献身的精神是办不到的……

通过一夜的思索，周恩来决定请毛泽东出马。周恩来做这样的选择，需要足够的勇气和胆识。因为支持了毛泽东，就意味着对"三人团"的否定，包括否定了他自己。

周恩来的选择是痛苦的。

周恩来的选择是明智的。在中国革命事业处于关键的时刻，在他自己的革命生涯处于关键的时刻，他的极为大胆的选择，决心与自我决裂，可以说周恩来在他有错认错改错中，同时完成了中国共产党历史上重大的转变。而博古呢，则显得有些书生气，想不通的问题，就是想不通，但有情的历史让他思考，等待他的转变。

周恩来决定与毛泽东合作，这是一个了不起的抉择。这将对中国长期的革命斗争具有特殊的意义与作用。从此两人开始了数十年为中国革命合作共事的历程。

【思考探究】

一、在遵义会议的第一天夜晚，周恩来决心与自我决裂，做出了一个怎样的重大决定？他为什么这样做？

明确：经过湘江战役的惨败，最高"三人团"之一的周恩来决定与"三人团"决裂，决定和毛泽东合作。他已经认识到李德的军事指挥的错误在于机械地教条地运用外国作战的经验，不从中国的实际出发。

长征时期，红军与国民党各路军队在广阔复杂的山地、农村作战，毛泽东经验最为丰富，因此，周恩来从心底感到需要毛泽东支持，需要毛泽东的一份力量，需要与毛泽东的合作，从而扭转危局。

二、试概括本文人物形象，并说说本文在人物塑造方面的突出特点。

明确：在遵义会议的第一天，静夜里，周恩来反躬自省，他从大局出发，坚持真理，修正错误。他在中国革命事业处于关键的时刻，通过一夜的思索，以非凡的勇气和胆识，与自我决裂，认错改错，做出了与毛泽东合作的了不起的抉择。作者主要采用心理描写刻画周恩来。

9　土城战役

石永言

【阅读提示】

土城战役是毛泽东重新回到红军领导岗位后亲自指挥的第一个战役。由于情报失误，土城战役没有达到预期的目的。但正是由于土城战役的失利，才有了后来的四渡赤水。土城战役是中央红军在长征途中的关键时刻打破国民党军的围追堵截，变被动为主动的一次重要战役。

为了打开北上入川道路，二十八日凌晨五时左右，红军三、五军团根据昨晚八时军委命令，向盘踞在离土城八华里的青杠坡高地上的川军发起猛烈进攻，战斗开始就异乎寻常的激烈。在那一道道云遮雾锁、隐绰迷离的山梁上，暗蓝色的雾霭中升起了红光，只听枪声嗒嗒，炮声隆隆。须臾，那暗褐色的火光便烧破浓雾，灰蒙蒙的天也红了一角。

战斗打响不久，川军分路抢占了靠东皇一面的韩棚坳、猫猫岩、凤凰嘴、银盆顶等高地。红军的三、五军团在尖子山、石羔嘴、老鸦山、猴子垭等靠土城一面的山头上与敌对峙。红军接连数次向川军主要阵地银盆顶发起进攻，为了争夺小坳口高地，与敌肉搏，双方互有伤亡。当红军浴血奋战，一鼓作气拿下银盆顶，乘胜直追，将川军压到韩棚坳之际，川军增援部队赶到，立刻使红军处于不利境地。三、五军团与川军鏖战半日，未能歼敌，反受敌所制。幸好军委及时调回二师参战。又叫干部团出动，方使红军免遭更大损失。这一战斗，始终剧烈，实为突围西征以来湘江战役后又一次大战。

情况危急，朱德亲自到三军团四师指挥，初战之时还算得手。全师指战员看见自己的总司令亲临前线直接参加战斗，备受鼓舞。从南昌起义到上井冈山，及至以后的几次反"围剿"战争，朱德几乎是无役不与，英勇无畏，身先士卒，给火线上的指战员以巨大的激励，鼓舞他们去奋勇杀敌。今天，朱德又在黔北的高冈之上，直接指挥战斗，策励四师一鼓作气夺得川军控制的好几个山头。午后，川军左翼后兵力骤增，与四师反复争夺所控制的第一个山头。由于红军的装备差于川军，战斗至下午，有的战士子弹已尽，苦斗的红军不得不与冲上山头的川军肉搏，大刀朝亡命的川敌头上砍去。红军坚守的阵地几度丢失，团以下的指战员死伤不少。在红军的处境极为困难的情况下，朱德仍在阵地上沉着指挥，岿然不动。他屹立在一株乌柏树下，举起望远镜不断察看着对面山头上川军的动向，面无惧色。他不断挪动着强壮的身躯，变换着各个不同的角度观察着前方的敌人，黑红色的脸膛上淌着热汗，汗渍里混合着硝烟泥土。他那短而密的胡茬似乎更浓更硬了。

　　在两军对垒、生死攸关的战场上，朱德既是一个统率百万军队的将军，而在红军当中，他又是一个普普通通的年长的战士。川军汉阳造步枪的子弹，不断向他的身边射来，从他的身边掠过，从他的耳朵边飞过，甚至有的从他的军帽边沿擦过，可是，说也奇怪，仿佛有神灵保护一样，这置人于死地的小东西，始终没有伤及他的发肤。而朱德面对疯狂的敌人，连天的炮火，危险的处境，常常不以为然，生死置之度外，无所畏葸，泰然处之。就在这出生入死的战场上，由于他的忠勇刚毅，赢得了部属的无限崇敬，激励他的部下去英勇杀敌，只有前进，绝无后退。一个指挥员，在战争处于不利的境况下，保持清醒的头脑，沉着应战，保证战略方针的实现，干系极为重大。朱德常常是这样。

　　眼看川军一次又一次地冲上四师占领的山头，朱德身边的几个参谋急啦，要特务连赶快掩护着自己的总司令撤离战场。特务连长一把拽住朱德的衣袖：

　　"总司令——"

　　朱德拂去鬓边大颗大颗的热汗，忽闪着一对沉毅的大眼侧身断然说道：

"嗯！有来头！"

特务连的几个小战士看见总司令不愿下火线，一个个急得哭了起来。

川军借着强大的炮火，熟悉的地形，朝四师控制的几个山头猛扑上来。面对蜂拥而来的敌人，朱德指挥着战士们给以迎头痛击。英勇保卫着自己的每一寸土地。及至川军的援兵源源而来，四师所部几乎全被川军包围，在弹尽人亡的险境中，朱德才决定指挥余部杀出敌人重围。这时，他身边仅剩下一个排做掩护了。

朱德在一排勇敢彪悍的青年战士护卫下，借着浓密的树林掩护，在崎岖坎坷的山径上，边打边退，奋力冲出火网，向赤水河边疾进。

【思考探究】

一、在土城战役中，你怎样评价朱总司令？

明确：从南昌起义到上井冈山，及至以后的几次反"围剿"战争，朱德几乎是无役不与，英勇无畏，身先士卒，给火线上的指战员以巨大的激励，鼓舞他们去奋勇杀敌。这次土城战役，在红军的处境极为困难的情况下，朱德仍在阵地上沉着指挥，岿然不动。面对疯狂的敌人，连天的炮火，危险的处境，常常不以为然，生死置之度外，无所畏葸，泰然处之。就在这出生入死的战场上，由于他的忠勇刚毅，赢得了部属的无限崇敬，激励他的部下去英勇杀敌，只有前进，绝无后退。

二、本文塑造朱德总司令的形象运用了哪些描写方法？试举例说明。

明确：动作、神态、细节描写。如："红军坚守的阵地几度丢失，团以下的指战员死伤不少。在红军的处境极为困难的情况下，朱德仍在阵地上沉着指挥，岿然不动。他屹立在一株乌桕树下，举起望远镜不断察看着对面山头上川军的动向，面无惧色。他不断挪动着强壮的身躯，变换着各个不同的角度观察着前方的敌人，黑红色的脸膛上淌着热汗，汗渍里混合着硝烟泥土。他那短而密的胡茬似乎更浓更硬了。"表现了朱德总司令忠勇刚毅，沉着应战，把生死置之度外的大将风度。

10　扭转危局

石永言

【阅读提示】

1932 年 7 月，蒋介石发动第四次反革命军事"围剿"。为了贯彻执行临时中央的"左"倾冒险主义的进攻路线，解决日益激化的矛盾，讨论和确定第四次反"围剿"的应敌方针，1932 年 10 月上旬，中共苏区中央局在江西宁都召开全体会议。这次会议排挤并剥夺了毛泽东对红军的领导和指挥权，一直到遵义会议前夕。

天色逐渐黑下来，刮起一阵夜风，摇撼着楼房后面桃源山上的树林，山上的树林，发出簌簌的响声，毛泽东点亮写字台上的马灯，手脚感到冷冽起来，于是他拉下四四方方的鸳鸯窗，不让冷风吹进来。毛泽东坐在一把雕刻得相当精致的紫檀木的太师椅上，愤愤地对贺子珍说："这次中央开会，我非得好好讲讲，你不知道，我肚里憋着好多意见啰。像这样下去，怎么行？我实在为部队的命运忧心。"

贺子珍侧着头仔细听看，马灯的一束红光照着她脸上的妊娠纹，留下一道道模糊的光影。那双大而圆的眼睛显得特别美丽而有神采，小嘴微微嘟着。

一两年来，贺子珍十分知道毛泽东的处境，十分了解自己丈夫的情怀。这下她进一步明白了为什么过了四道封锁线进入老山界后，每到宿营处，每次去找毛泽东总是找不到，人们总是告诉她，毛泽东找人谈话去了。这是毛泽东一贯的作风，喜欢调查研究，掌握情况，从那时起，他就在为开会做准备。算起来，贺子珍有将近一个月没有看见毛泽东了。

赣南会议开后，贺子珍发现毛泽东不大讲话，常常沉默，要么就是到下面去搞调查，要么就是看书阅报，他们夫妻在一块儿，也很少像过去那样谈笑风生，幽默风趣。她常常看见毛泽东一人燃着纸烟，反剪着手在室内踱步沉思，似在思考一些问题，有时还表现出非常懊恼的样子，像一个落魄的书生。这种时候，她总是尽量不去打扰毛泽东，让他好好思索。她知道毛泽东考虑的不是个人的遭遇问题。固然，毛泽东倒霉，她的日子也不会好过，免不了会有一些闲言碎语，她也只是装作听而不闻，视而不见。但对于一个真正的革命者来说，这又算得了什么？她来到毛泽东身边以后，从井冈山斗争开始，她清楚毛泽东挨过几次批评，受过几次错误的处分，在这样的时候，能为毛泽东排忧解难、慰藉毛泽东情怀的，唯有他的妻子贺子珍！

贺子珍也知道，这次毛泽东沉默的时间最长，忧患也多。加之身子又闹病，真是双重打击，祸不单行。看见丈夫瘦弱的身躯，她真为毛泽东鸣不平。有时她也想过，到底毛泽东犯了哪些错误？为什么不让他指挥军队？三次反"围剿"战争，又是谁领导取得胜利的？当他们夫妻在一块儿，贺子珍提起这些往事的时候，毛泽东总是说："子珍，你不知道，情况复杂呀，有的人只尚空谈，不会做实际工作，中国共产党的领导权落在他们手里，危险得很。但要改变，也不容易啊。独木不成林，我是孤掌难鸣哇！"这个时候，贺子珍意气用事地说："泽东，你干脆就做你的政府工作，军中的事不要管它，你又爱提意见，别人又不听你的，今后少说点，由他们去搞。"

毛泽东摇摇头，苦笑着说："不行啊，那样更要坏事，一个共产党员，哪有不提意见的道理。明知错了，也不讲话，少说为佳，明哲保身，还算是个什么共产党员，不如种田去。"……

进遵义后，贺子珍发现毛泽东的心情有些变化，话比从前多了起来，恢复了过去的一些风趣。贺子珍心想，毛泽东的日子今后可能会好过一点，革命可能也会有一些转机，她盼望中央的会赶快召开，让自己的丈夫在会上好好讲讲。凭着一种直觉，她意识到毛泽东这些日子考虑的一些问题一定是比较正确的，对红军的处境会有好处。

毛泽东看到贺子珍非常疲倦，关切地说："子珍，你赶快休息吧，我还要到稼祥那里去坐坐。"

贺子珍黑黑眼圈漾起一丝欣慰的笑纹，怜惜地说："好，我休息了，你也早点休息，明天，我弄点好东西给你吃，补补身子。"

  毛泽东等贺子珍就寝后，为贺子珍压好被子，然后拧熄桌上的马灯，穿过楼上的中堂，来到王稼祥的房间。王稼祥的住室与毛泽东的一般大，是对称的两间。毛泽东轻轻推开房门，见医生王斌正在为王稼祥换药。毛泽东没有吱声，站在旁边静静地观看着。毛泽东看见王稼祥非常痛苦，清瘦的脸庞几乎没有一点血色，两鬓直冒虚汗。但他紧紧咬着牙关，一点没有呻唤。只是因腹部弹伤化脓溃烂，撕扯贴在伤口的纱布时实在痛得要命，才"啊唷"呼喊一声。王斌替王稼祥换了药，打了针，又留下几包西药。毛泽东问王斌："哪来的针药？"

  王斌一边收拾器材，一边喜滋滋地回答说："这里有间'太平洋药房'，西药齐全，贺诚部长叫人全买下了。药房老板相当开明，愿将药品全部售与红军，支援红军，价格还相当便宜哩。"

  毛泽东赞许地说："不错，公买公卖嘛。如果没收了人家的物品，我们就不得人心了。难怪，我进城时，看见各种店铺一直开着，生意兴隆。咱们在遵义可得好好补充点东西哟。"

  毛泽东在与王斌谈话的时候，王稼祥闭着双眼，躺在一张大床上休息，似在恢复刚才的痛楚。

王斌对毛泽东说："白军就相反了，侯子担的军队在退出遵义时，抢了几家店铺，听老百姓说，挨抢的几家铺子的老板痛哭流涕，大骂侯家军，说侯家军没有好下场，该千刀万剐。"

毛泽东接过王斌的话，赶快说："咱们应该将那几家店铺封存起来，在铺板上贴上字条，写上'此店遭白军抢劫'，这样可教育民众，也好分清是非，使不明真相的人不要误认为是红军干的，谨防坏人造谣。"

"总政治部已经做了安排，大概是按毛主席这个意见办的。"

"那就好了。"

王斌将器材装进一只灰布挎包后，对毛泽东说："毛主席，我走了，疗养所还有几个重伤号，我得马上去看看，你还有什么事？"

"没有事，你去吧，等会儿我和王主任聊聊。"

王斌走后，王稼祥欠起身子招呼着毛泽东，毛泽东走过去扶他躺下，不要他起来。

"怎么样？伤口可有好转？"毛泽东将一只木椅拉过来，紧靠在王稼祥床边坐着，亲切地问道。

"不行，常化脓。"

"遵义住的时间可能长一些，这里又有药品，你可好好休息和治疗一下。"

"是的。刚才王斌给了我一包止疼药片，今后伤口疼痛难忍时，可以暂时不吃鸦片烟止痛啦，那个东西吃不得，我好像已经上了瘾，有时如果不吃，身子一点没劲，伤口也仿佛痛得厉害起来。"

毛泽东笑起来："你快成瘾君子了。"

王稼祥也忍不住笑起来，一只手压着腹中伤口的部位。

毛泽东侧身对王稼祥说："根据黎平中央政治局会议决定，咱们到了遵义要开政治局会议，你有何看法？……"

"早该开了。"王稼祥不等毛泽东继续说下去，切开话题说了一句。

"开会，是为了解决问题。要解决好问题，准备必须充分一点。"

王稼祥点点头。

毛泽东说下去："一年多来的军事错误，必须好好总结，错了的就要批评。洛甫曾经批评过他们，彭德怀也批评过他们，但李德根本不接受，还教训人，今天得好好敲打一下。"

"李德不懂中国战争，全靠国外的一些战术原则指挥，还有不打败仗的？开会，第一件事是把李德轰下来。"王稼祥态度颇为严肃地说着。

毛泽东站起来，轻轻地在室内踱着步，一边踱步一边说："老王，要批评他们，我同洛甫商量了一下，会前应写一个稿子，有准备地去讲，这样问题集中一点，你身体不好，文章由洛甫准备行吗？谈哪些问题，我们几个是否先切磋一下？"

"行！我知道洛甫研究过一些军事理论著作，他又能写，他报告的身份也比我们强。"

稍停一会儿，王稼祥又补充说："老毛，洛甫写时，你要帮他一下，你毕竟玩过枪杆，熟悉情况。"

"那是当然，我岂能作壁上观。"

【思考探究】

一、在遵义会议前，已经被解除了红军指挥权的毛泽东做了哪些工作，从而在中国革命的危急关头挽救了党和红军？

明确：从红军过了四道封锁线进入老山界后，每到宿营处，毛泽东总是外出找人谈话。这是毛泽东一贯的作风，他喜欢调查研究，掌握实际情况，从那时起，他就在为开会做准备。遵义会议前，毛泽东去找了洛甫、王稼祥，并取得了他们的支持，他们商议在遵义会议上对一年多来的军事错误做总结，并把李德从"三人团"中轰下来。

二、本文塑造毛泽东的形象运用了哪些描写方法？试举例说明。

明确：动作、神态、语言等描写。如贺子珍劝告毛泽东不要管军队的事时，毛泽东摇摇头，苦笑着说："不行啊，那样更要坏事，一个共产党员，哪有不提意见的道理。明知错了，也不讲话，少说为佳，明哲保身，还算是个什么共产党员，不如种田去。"

毛泽东通过调查走访，了解敌我实情，充分认识到红军从第五次反围剿以来的军事指挥的错误，表现了毛泽东不愿明哲保身，而是讲究策略，积极行动，充分做好遵义会议前的准备工作，为遵义会议的胜利召开奠定了良好基础。

第三单元

★ ★ ★ ★ ★

单元说明

　　本单元五篇文章均选自魏巍的长篇小说《地球的红飘带》。

　　"文学是生活的教科书",一篇成功的小说往往能引发学生去思考。读了本单元的五篇文章,你也许会想到这样一些问题:小李为什么会发出一声撕裂心魂的叫喊?老炊事员用一根带子结结实实地把大铁锅扎紧在胸前,一路小跑地赶到前面去了,给你带来什么思考?毛泽东舌战张国焘,给你带来什么启示?红军爬夹金山,你从中获取了哪些力量?艳丽的草原,让你眼前浮现一幅什么样的画面?

　　读了这几篇文章,你会对小说的艺术魅力有更深切的感受,对红军长征有更深刻的认识和理解。

11 爬夹金山①

魏 巍

【阅读提示】

1934 年 10 月 10 日夜间，中共中央和中国工农红军总部悄然从瑞金出发，率领红一、三、五、八、九军团连同后方机关共 8.6 万余人进行战略转移，向湘西进发，开始了悲壮的、前途未卜的漫漫征程。夹金山是一座不可思议的山，鸟儿都飞不过去，人最好是别靠近它，但无畏的红军却偏偏要与命运抗争，仔细阅读文章中描写夹金山美丽的句子，找出文章中最让你感动的那个人。

宣布了注意事项，队伍排成一路纵队开始爬山。杜铁锤见小猴子情绪转过来了，脸上充满喜色，自己也高兴起来。一路上坡坡坎坎全是茂密的青草和各色野花，同别的山没有什么不同。人们反而觉得凉爽宜人，精神格外清爽。有人竟"红军哥哥哟""妹妹哟"哼起兴国山歌来了。走了两个小时，已经到了半山间，渐渐到达了雪线。那些南方战士，有的从生下来就没见过雪，今天看见了人世间竟还有这般皎洁、美丽的东西，觉得十分新奇。特别是接近雪线的地方，满山都是那种名叫绕山红的红花，这种火红的花，一丛一丛的，和洁白的雪衬托起来，显得特别艳丽。除了绕山红，雪下还有一种草，叶子宽大得像莲叶似的，开着细小的黄花，也很好看。这一切都使人感到分外美丽新鲜。雪线② 以上则是一片冰雪世界。

---

① 选自《地球的红飘带》。题目是编者所加。《地球的红飘带》是著名作家魏巍创作于 1987 年的一部长篇小说，描述了中央红军长征的完整过程。"地球的红飘带"一词从此之后就用来指代红军的两万五千里长征。魏巍（1920 年 1 月 16 日—2008 年 8 月 24 日），河南郑州人，中国共产党党员。当代诗人、著名散文作家、小说家，毕业于延安抗日军政大学。夹金山，位于四川省阿坝藏族羌族自治州小金县南部，这里还是当年中国工农红军一方面军万里长征与红四方面军胜利会师的地方。夹金山从此载入中国革命历史的光荣史册。

② 雪线：常年积雪的下界，即年降雪量与年消融量相等的平衡线。

　　这时，太阳已经老高了。明丽的阳光照着周围的雪峰，亮得耀眼，刺得眼睛微微发痛。小猴子眯细着眼笑着说："排长，你看这雪多好看哪！"杜铁锤往四外一看，果然从来没见过这样的好景。那一团一团的白云，被太阳照得洁白如玉，连绵不断的雪峰，一个个仙姿绰约①，有的露出在白云之上，有的笼在白云之中，比玉雕还要皎洁可爱。小猴子从地上抓起一把雪，一边吃一边嘻嘻笑着说："这山有什么难爬，还吹是神山呢！"

① 绰约：女子姿态柔美。

可是，他们咯吱咯吱地踏着积雪，往上走了不过十几分钟，就进入了黑沉沉的云雾里，周围一片混沌，刚才的雪峰全看不见了。只觉得一股股寒气迎面扑来。不一时，耳边滚过一阵雷声，接着狂风骤起，又是雪片，又是冰雹，劈头盖脸地迎面打来。队伍里立刻人喊马嘶，乱作一团。杜铁锤从背上抽出雨伞想给小猴子遮挡一下，没想到刚刚打开，一阵狂风就把伞不知卷到什么地方去了。这时，小猴子满脸都是雪水，冻得浑身颤抖，牙齿格格有声，嘴唇也发白了。周围的人，有人打开被子蒙住头，有人把洗脸盆顶在头上，雹子像敲小鼓似的脆响着。铁锤就把小李的背包打开，拿出他的小灰毯子，往起一折，穿了根带子，就成了一个土造斗篷，披在小李身上。然后鼓励小李说："没得关系，小猴子，坚持一阵就过去了！"

患疟疾病最怕冷的刺激，昨天蹚水过河，今天冷雨一浇，小李的疟疾立刻发作起来。杜铁锤眼瞅着他两颊赤红，烧得昏昏迷迷，脚步也站不稳。他摸摸小李的额头，烫得像火炭似的，就说："小猴子，是你的摆子又来了吧？"小李点点头，无力说话。杜铁锤就把小李的步枪、米袋全卸下来，背在自己肩上，一面用力搀着他艰难地向上爬着。由于山上积雪很深，每一步都陷得没过了脚脖子，走起来非常艰难，渐渐就掉到后面去了。

掉队的人，为了不影响队伍的行进，只好走在旁边，自然更加吃力。杜铁锤外面流的是雪水，里面流的是汗水，不一刻里外两层单军衣全湿透了。正在这时，他听见旁边队伍里有人说：

"那不是杜铁匠吗？"

杜铁锤用袖子擦擦脸上的雪水，只见雪花飞舞中，行进着一个身材高大的人，微微驼着背，吃力而坚实地迈着脚步。他没有穿棉衣，一条灰军裤早已被雪水浸透，脚上的黑布鞋湿得发亮。杜铁锤定睛细看，才看出是毛泽东，几个警卫员替他撑着一块黄油布，挡着冰雹。疾风把油布吹得啪啪地飞扬起来。毛泽东和他的目光相遇，微笑着点了点头，就走过去了。走出两步又回过头说：

"后面有马，叫那小鬼骑着走吧！"

说过，迈开大步，继续昂首向前走去。警卫员指了指后面的一匹白马，向饲养员打了招呼，饲养员就牵着马停下来了。那马的鬃毛上披满了雪花冰粒，它的情绪好像也很不稳定，在冰雹的袭击下，不断昂首嘶鸣。

杜铁锤费了好大劲才把小李扶上了马，叫他蒙好头，抓紧马鬃，自己在一边紧紧地跟着。这时周围极其阴暗，好像在暗夜中摸索前进。

这场突如其来的袭击，大约持续了二三十分钟，声势才渐渐小了，空中渐渐明亮起来。人们再往上爬了一程，已经穿过浓云的袭扰，往上看蓝天如洗，东方一轮红日，正像春花般的娇艳。刚才电闪雷鸣，风雪冰雹交加，仿佛只是一场梦境。这时，夹金山的主峰，已经看得清清楚楚。高高的雪峰，就像一位披着轻纱的仙女坐在淡淡的白云之中。山垭口处有一座孤零零的小庙，还有一根据说名叫"望杆"的杆子，为的是给行人一个标志，以免陷入雪窝。人们的脸上漾出喜色，因为胜利在望，山顶就在眼前，而且一路都是慢坡①，眼看就要胜利了。

【思考探究】

一、从红军爬雪山这件事，你感受到了什么？

明确： 我感受到了毛主席对战士的关心和在毛主席的带领下战士们战胜困难、顽强拼搏的英雄气概。

二、文章开头写雪山的艳丽，后来又写雪山的电闪雷鸣，风雪冰雹交加。作者的用意是什么？

明确： 前后的自然环境描写，形成了鲜明的对比，表现了红军和恶劣的环境做斗争，战天斗地，意志坚强，突出了红军战士爬夹金山的艰苦以及他们团结互助的团队精神。

---

① 慢坡：坡度很小的坡。

12 天气多变的草原

魏 巍

【阅读提示】

红军为了躲过国民党的围追堵截，不得不过草地。茫茫草地，一望无际，遍地是水草沼泽泥潭，天气多变。文章第一自然段把草原描写得艳丽极了，请反复朗读，体会草原的美。阅读文章，说说草原的天气是怎样多变的？

草原上出了太阳，立刻增加了十倍的美丽。浓雾散失得无影无踪，就仿佛它们从来不曾存在过似的。在蓝天与绿野之间，一切都显得是那么澄明①、光洁和可爱。那一望无际的辽远，使人的心胸开阔起来。整个宽大的天空就像刚刚洗过的蓝玉，没有一粒尘埃。可以说，在任何地方你都找不到像草原的天空蓝得那么可爱，蓝得那么彻底，蓝得那么晶莹，简直就蓝到你的灵魂里去。草原上的白云，似乎比别处的云更加莹洁，更加舒卷自如。也可以说那蓝天和绿野正是被绮丽②奇幻的云阵连起来的。

---

① 澄明：清澈明洁。

② 绮丽：形容华美艳丽。

这些白云，经过阳光一照，立刻像白玉一样透明，有的像冰山，有的像雪峰，有的和蓝天一起构成了天上的湖。这些大大小小的云朵在空中游动着，在耀眼的阳光下把它的绰约的影子投下草地，使草地成为一块深浅不同的画布。当然，最美的还是草地，因为只有灼目的阳光才使这花的海洋充分显示出她绮丽的色泽。那些一片一片的黄澄澄的金莲花，一片一片火红的山丹丹，还有那蓝英英的鸽子花，紫郁郁的野苜蓿①，以及红藤萝和白藤萝，真是艳丽极了。

铁锤一行人循着前面人的脚印走着。因为经过大军行进，在草地上已经踏出一条明显的小沟来。太阳照着他们，上午被牛毛细雨打湿的衣服也渐渐干了，使他们感到温暖和愉快。那个小青年虽然拄着棍子一拐一拐地走着，总还不算太迟慢。

"怎么样，小同志？"铁锤带着笑问他。

"什么小同志？你没看我这么大了？"他又冲出了一句，无非是掩饰刚才的羞愧。

大家笑了。

这时，不知是谁叫了一声：

"排长，你看东面有一块黑云。"

铁锤和众人向东一望，果然天边地平线上有一小疙瘩②黑云。但是云块很小，很不显眼。

"恐怕不要紧吧！"小李随口说。

"不，还是走快一点好。"铁锤说。

大家都不止一次尝过挨浇的苦头，步伐不由就加快了。那个小青年也咬了咬牙，尽快地向前赶进。哪知走了不上几里路，东面地平线上的那疙瘩黑云，已经胀大了许多倍，就像一头巨大的黑兽爬上了海岸，刚才不过是露出一个头罢了。现在它已经用巨大的身躯遮住了东面一大块天空，像海涛一般迅猛地扑了过来。随着云阵，透过一阵阵逼人的寒气。霎时间，黑云已经涌到头顶，耀眼的阳光被遮蔽了，周围立刻变得阴暗。接着草原上卷起一阵狂风，沙沙的雨脚就随之扫了过来。

可是，在远处，在黑云的羽翼还没有遮住的地方，灿烂的阳光在草原上仍然金带一般亮得耀眼。铁锤仰天骂道：

---

① 苜蓿：一种生长广泛的重要的牧草植物，具三小叶和蓝紫色花。

② 疙瘩：本文指小球形或块状物。

"这老天！就是专门同我们作对。"

一句话没有说完，粗重的雨点噼噼啪啪地打了下来。人们纷纷戴上斗笠，披上毯子、被子。铁锤把那支步枪交给别人，然后抖开一块雨布和那个小青年一起披在身上，说：

"老弟，我来扶着你走！"

这场大雨实在骤猛非常，简直如瀑布般向下倾泻，打得人睁不开眼，迈不动步。铁锤和那个小青年几次滑倒，跌得满身都是泥水。

幸亏这场暴雨来得疾去得也快，不到半个小时，就推移到别的地方去了。顶空仍然是一尘不染的蓝天和灼目的太阳。

【思考探究】

一、认真阅读第一自然段，说说草原美在哪些地方？

明确：草原美在这些地方：在蓝天与绿野之间，一切都显得是那么澄明、光洁和可爱。整个宽大的天空就像刚刚洗过的蓝玉，没有一粒尘埃。蓝得那么彻底，蓝得那么晶莹，简直就蓝到你的灵魂里去。草原上的白云，似乎比别处的云更加莹洁，更加舒卷自如。也可以说那蓝天和绿野正是被绮丽奇幻的云阵连起来的。

二、简要分析"老弟，我来扶着你走！"这句话。

明确：一句简单的话："老弟，我来扶着你走！"表现铁锤关心下级，帮助下级。在那么艰难的情况下，能有这样的举动，体现了红军的大爱精神。

13　老炊事员

魏　巍

【阅读提示】

过草地的选择同过雪山相似，是为了出敌不意，获得最佳的北上抗日路线。蒋介石曾判断红军可能东出四川，也可能向西北行动。如出西北，他认为红军是不可能走松潘西北草地的。文章中写了几个人物？主要写了谁？老炊事员通过呼救，终于获救。生活中如果遇到危险，怎样自救？

这正是踏上草地的第四天，从一早起就是牛毛细雨，乳白色的浓雾压在草原上，一直没有消散。天色阴暗之极，就像暮色深浓时那样。人们目力所及，只能看见草丛、红锈般的积水和近处的十几个同伴，其他都在虚无缥缈中了。

"排长，什么时候了？"小李忍不住沉闷，问道。"鬼知道什么时候！"杜铁锤说，"这地方没有太阳，什么也弄不清。"

"从行军里程看，恐怕快晌午了。"不知是谁插了一句。

忽然，远远传来沙哑的充满恐惧的呼喊声：

"同——志！……同——志！……"

"前面出事了！"杜铁锤说。

大家凝神静听，果然有人呼喊。杜铁锤就带领大家向前跑起来。

大家循声① 跑了十几分钟，果然见前面草地上一个人陷在污泥里了。大家赶到近处，才看清是一个四十多岁的老炊事员，满脸胡楂② ，污泥已经埋没了他的大腿，他的背上是一口烟熏火燎的大锅。也许正因为这口大锅，他才没有陷入更悲惨的境地。他显然挣扎了很长时间，脸上显出恐惧和绝望的表情，看见人们来到，情绪才渐渐缓和下来。

---

① 循声：顺着声律；顺着声音。

② 胡楂：指剪而未尽的或刚长出来的又短又硬的胡子。

"哎呀，你老兄怎么陷得这么深呀！"杜铁锤笑着说。"我还不是想出来嘛！"老炊事员脸上露出笑意，"谁知道越蹬越深，就像里面龟儿子拖着脚似的。"

　　人们笑起来。

　　铁锤观察了一下形势，看见炊事员周围都是烂泥，草皮已经损坏，如果到他身边去拉，恐怕也有陷进去的可能，就说：

　　"还是用绑带往外拉吧！"

　　说着，就伏下身去解绑带。小李也把绑带解下来了。他们把两副绑带接在一起，就把一端扔给了老炊事员。老炊事员用两只手紧紧攥住，七八个人就在两丈以外用力地拉起来。

　　谁知由于炊事员陷得过深，又背着一口大锅，大家用力过猛，绑带咔巴一声从中间断了。老炊事员的身子刚刚起来了一点，又蹲回到原来的地方。

　　"我恐怕出不去了。"他叹了口气。

　　"老表①，"杜铁锤听出他是江西口音，所以这样叫他，"你还是把那口大锅先放下吧，不然怎么拉得出来？"

　　"我这大锅可不能丢！"他愣倔倔地说。

　　"我们先救你，然后再捡你的大锅嘛！"人们纷纷笑着说。

　　炊事员开始从两条臂上解下大锅。

　　人们又解下几副绑带，结结实实地接在一起，这次才把炊事员拖出了泥潭。大家一看，他浑身上下都是乌油油的黑泥，简直成了泥人。因为那泥像胶一样黏，大家费了很大劲，才用草叶刮下一层。

　　老炊事员感激地看了大家一眼，嘻嘻一笑，说：

　　"我还要赶队伍呢，今天的饭怕要误了。"

　　说过，连忙背起他的大铁锅，用一根带子结结实实地在胸前扎紧，一路小跑地赶到前面去了。

　　雾还是那样浓，炊事员不过跑出十多步远，就已经看不到他的影子，只听到啪哒啪哒的脚步声。

---

① 老表：江西省方言，意思同"老乡"。

【思考探究】

一、老炊事员掉进泥潭，也不愿放下身上的大铁锅，被救起来后，背起大铁锅一路小跑前进，责任感很强。联系生活，谈谈责任感。

明确：老炊事员掉进泥潭，也不愿放下身上的大铁锅，体现了两个字——责任。责任感是一个中学生的基本素质，我们学生在家中要有责任感，例如：做家务。在社会中要有责任感，例如：守交通规则。在学校要有责任感，例如：团结班集体。

二、在救老炊事员的过程中，充满了笑声，而不是哭叫，说说为什么？

明确：在救老炊事员的过程中，充满了笑声，体现了红军的乐观主义精神。虽然红军长征无比艰苦，但只有乐观面对，才能战胜困难。

14 杜铁锤^① 夜斗泥潭

魏 巍

【阅读提示】

1935 年 8 月 21 日，红军开始过草地。行军队分左右两路，平行前进。右路军由毛泽东、周恩来、徐向前等率领，自四川毛儿盖出发，进入草地。经过 7 天的艰苦努力，右路军到达草地尽头的班佑地区。左翼为林彪的红一方面军，先行；继后是中央领导机关、红军大学学生等。右翼为徐向前、陈昌浩率领的红三十军和红四军。彭德怀率红三军团殿后，走左翼行军路线。默读文章，复述文章中的故事，注意文章中表示时间的词句。

　　天渐渐黑了下来。一个人在这样的荒野上夜行，不论什么人都会有一种隐隐的恐惧。也许铁锤过于慌促，一只脚踏进软软的稀泥中去了。心里一急，忙往外拔脱，不防另一只脚又陷进去了。这时，几天来陷进泥潭者的可怕形象，就纷纷来到脑际，更加重了他的不安。这样，两只脚三倒两倒，已经陷得膝盖深了。从理智上来说，他告诫自己，必须沉着，只有等人来救，不要再倒腾^②了；可是听听四外，旷野上只有尖厉的风声，什么人也没有，于是又挣扎起来。不一时，稀软的泥已经埋住了大腿。他曾听人说，躺倒是一个可取的办法，可是周围全是泥水，也颇使人为难。犹豫了许久，他才伏在地上，终因陷得过深，没有挣扎出来。

　　夜色渐浓。刚才还有一点暗淡的光亮，现在什么也看不见了。不一时又下起了小雨。铁锤本来胆子很大，这时却被恐惧震慑^③住了。他想，行军路上或远或近总会有掉队的人，如果听到他的声音一定会来救他，昨天，他正是听见那位老炊事员的声音才奔向他的。于是，他就大声喊道："同——志！……同——志！……"

---

① 杜铁锤：铁匠，参军前以打铁为生。

② 倒腾：费力气挣扎。

③ 震慑：使震惊恐惧。

他的声音越喊越大，却没有一点回应。

"也许我今天真的完了……"他心中暗暗地想。当这个念头一出现，更增加了他的恐慌。他连续又挣扎了几下，已经深深地陷到了腹部……

这时他并没有最后绝望。他想，总是会有人来救他的。即使到了明天，也总是会有收容队①或后续部队。为了不再陷下去，他拼命用两臂抵住地面，决心支持到天明！他睁着两只大眼，向前不停地凝视着。恍惚间，他果然听见脚步声了，而且不是一个人，是许多人迈着齐刷刷的脚步，向他走过来了。他看见那戴着红星军帽的队伍，可爱的同志们，真的过来了，就要来到他的身边。他似乎和小李正高高举着花炮在迎接着他们……

不知什么时候，飘来了一阵冷雨，把他打醒了。他的双手仍然死死地抵住地面。这时，他觉得又渴又饿。他取下水壶，里面只有几口水了，小心地喝了两口，觉得舒服了一些，登时又饿得难忍。他用力拔了几棵野草的叶子，嚼了嚼，又涩又苦，就吐了出来。这时，他忽然看见对面不远处有一个死马的骨架，那个骨架似乎比昨天那个马的骨架还要高大，上面还有不少的肉。他觉得这匹马距离自己是这样的近，不过几公尺左右，只要自己稍稍爬上几步就可以够上它了……

---

① 收容队：负责收容伤病员和掉队人员的组织。

午夜，旷野里出现了六七支火把，向这里渐渐移近。人们终于来到了他的身旁，为首的正是小李。但是，铁锤的身子几乎完全陷下去了，地面上只露出一个戴着红星军帽的头和宽阔有力的肩膀……

"排长！"

小李发出一声撕裂心魂的叫喊，扑了过去。随着夜风，他的哭声在荒冷的旷野上传得很远，很远……

【思考探究】

一、说说杜铁锤是怎样斗泥潭的，联系生活，谈谈你的感受。

明确：杜铁锤是这样斗泥潭的，第一，呼救，"同——志！……同——志！……"。第二，自救，为了不再陷下去，他拼命用两臂抵住地面，决心支持到天明！第三，保存体力，他觉得又渴又饿。他取下水壶，里面只有几口水了，小心地喝了两口。生活中时时都会遇到困难，要学会冷静思考，学会智救和自救。

二、"夜色渐浓。刚才还有一点暗淡的光亮，现在什么也看不见了。不一时又下起了小雨。"这句话是什么描写？有什么作用？

明确：这句话是自然环境描写，渲染了悲凉的气氛，突出红军过草地随时会牺牲生命，也体现了过草地的艰苦。

15　毛泽东舌战张国焘①

魏　巍

【阅读提示】

　　张国焘自恃四方面军的人多枪多，根本不把中央领导人放在眼里，他力主两军会师后，队伍向西或向南发展，而以毛泽东为首的党中央则坚持一起北上，双方相持不下。注意体会毛泽东和张国焘的对话内容。阅读完后，简单评价这两个人物。

　　吃了早饭，毛泽东就出发了。除了警卫员，他只带了秘书长刘英。也许他觉得带上个女同志，会给谈判增加些宽松的气氛。

　　张国焘住在几里路外的一个村庄。村边，有一个比较干净的院落，门口站着两个哨兵。哨兵通报以后，张国焘就迎出来了。

----

① 张国焘（1897－1979），字恺荫，又名特立，江西省萍乡县（今萍乡市上栗县）人。中国共产党创始人之一、中共早期领导人之一。1916年，张国焘进入北京大学读书，五四运动中表现积极。1920年10月，创建北京的共产党早期组织。1932年进入鄂豫皖苏区，成为根据地事实上的领导者。1935年4月放弃川陕根据地开始长征。6月懋功会师后，反对中央北上的决定，10月率部南下川康，在卓木碉宣布另立"中央"，1936年6月被迫取消。1937年3月在政治局扩大会议上受到批判。1938年4月初，乘祭黄帝陵之机逃出陕甘宁边区，投靠国民党，4月18日被开除党籍。不久加入军统从事反共特务活动，上演了一幕"中共创始人反对中共"的闹剧。1974年著有长篇回忆录《我的回忆》。1979年逝世于加拿大多伦多。

毛泽东一面笑一面走上前去，说：

"国焘同志，我给你带水来了！"

张国焘一愣，毛泽东指指刘英笑着解释道：

"这是我们的秘书长刘英同志。贾宝玉不是说，女儿家是水做的，我们男人都带着一股浊气嘛！"

"是的，是的，我们身上的浊气就是不少。"

张国焘迎上来一面笑着一面握手。还特意转过脸对刘英说：

"你是在莫斯科学习过的吧，现在有了秤砣没有？"

毛泽东随口开玩笑说：

"还没有呢，你给她介绍个吧！"

几个人说说笑笑进了房子。警卫员端上了几杯白开水，就出去了。

毛泽东寒暄了几句，就进入正题。他首先叙说了现在部队遇到的困难，说明部队在藏区不宜久停，打松潘①的战斗计划需要快一点实施才好。

张国焘不动声色地听着，听完眼珠子转了几转，慢吞吞地说：

"北上计划尽管不很完善，我还是同意了。打松潘自然很需要，这我也没有意见。但是需要不等于不慎重。据前面报告，松潘城墙坚固，不同一般，守敌兵力又多，这些是不能不考虑的。可是，我绝没有意思说，松潘不应该攻，如果不应该攻，我们怎么能过得去呢！"

据接触过张国焘的人说，张国焘不仅从表情上很难看出他的真实态度，从他的谈话中也不大容易看出他的真实意图。他的话拐弯抹角，有时模棱两可，有时含含糊糊，使你莫测高深。如果你是一个脑力不太强健的人，不一会儿就会使你陷入语言的迷宫，把你弄糊涂了。

可是，今天毛泽东表面很松弛，内心却睁着明亮的眼睛。

他不断地拨开语言的迷障，力图抓住主要的东西。他说：

"慎重是一定要慎重，但我们打松潘是比较有把握的。四方面军的战斗作风很好，加上一方面军，我看不成问题。如果说城墙坚固，还可以把敌人引出来打。"

---

① 松潘：隶属于四川省阿坝藏族羌族自治州，位于四川省阿坝藏族羌族自治州东北部。

张国焘沉吟了一会儿，慢吞吞地说：

"刚才我只讲了一个方面，只讲了客观条件，还有主观条件也不具备。一、四方面军会合以后，本来应当团结得很好，可是现在传出的一些话很难听，说什么四方面军土匪主义啦，军阀主义啦，还说什么不该撤出鄂豫皖苏区啦，不该撤出川陕苏区啦，更有甚者，竟说我张某人是老机会主义者啦，等等等等，大家憋着一肚子闷气，怎么去打仗呢？"

张国焘说完，望了毛泽东一眼，就转过眼睛望着别处。

毛泽东一看张国焘攻上来了，就哈哈笑道：

"国焘，这些闲话是听不得的呀！有人就说，我毛泽东是曹操，中央是汉献帝，我是挟天子以号令诸侯①。这些闲话如何能听得？如果相信这些闲话，岂不误了大事？挑拨离间的人总是有的，我们还是先解决大事要紧。"

张国焘微微涨红着脸，继续争辩说：

"事情不止这一桩嘛！还有人在小报上发表《列宁论联邦》的语录，好像我们成立西北联邦政府也搞错了。这些难道都是小事？"

① 挟天子以号令诸侯：挟制着皇帝，用皇帝的名义发号施令。现比喻用领导的名义按自己的意思去指挥别人。

毛泽东又笑道：

"这些政治问题，可以留到环境许可时从容讨论。我们找个地方，肚子吃得饱饱的，争论它几天几晚也不妨嘛！"

张国焘设置的路障被毛泽东机智地摆脱过去，暂时不说话了。他紧紧咬着下颚，转着眼珠，仿佛在盘算着一个重大问题。终于他咬了咬牙，下定了决心。

"影响大家情绪的，远远不止这些。"张国焘望着毛泽东说，"四方面军的同志都认为，一、四方面军会合之后，在组织问题上已经不适应会合后的新形势。这绝不是我个人的看法，我声明，也绝不是我个人要当什么，而是整个四方面军同志的反映。一、四方面军会合之后，四方面军是十万人，但是在组织上没有他们的代表，我不得不替他们讲话。像徐向前同志为什么不可当副总司令？像昌浩同志为什么不可当总政委？还有些同志为什么不可以到中央工作？还有……""哦，"毛泽东暗暗想道，"问题的实质到底讲出来了。"

毛泽东望望张国焘圆鼓鼓的胖脸，沉默了好几秒钟。顿时，张国焘的形象在他心目中破灭了。他觉得坐在面前的，与其说是一位政治家倒不如说是一个正在同党讨价还价的商人。

张国焘因为抛出了自己最重要的意图而显得轻松了许多。他端起茶缸喝了点水，呵呵笑道：

"关于打松潘的问题，很好说嘛！我刚才再三说过，松潘不是不需要打，也不是不可以打，只要大家心气顺了，这好说嘛！哎，润之，为这样的事，你只要打个电话不就可以了嘛，真是，还亲自跑了一趟……"

毛泽东的脸色有些严肃，勉强笑着说：

"今天你谈的问题，我回去可以和大家研究。研究之后再答复你。"

说着，起身告辞。

张国焘将他们送到门外。一切严重问题都淹没在有礼貌的微笑中了。

【思考探究】

一、请谈谈你对张国焘的看法。

明确：张国焘提出组织问题，即向中央摊牌要求给予更高职位。从最初的战略方针之争发展为赤裸裸地要权，足以说明张国焘不讲团结，不为大局考虑。

二、从毛泽东与张国焘的辩论中，请你用三个词来概括毛泽东的性格特点。

明确：团结、爱护、信任。

第四单元

★ ★ ★ ★ ★

单元说明

本单元篇目选自《红星照耀中国》。

《红星照耀中国》又叫《西行漫记》，是美国著名记者埃德加·斯诺的不朽名著，一部文笔优美的纪实性很强的报道性作品。作者真实记录了自 1936 年 6 月至 10 月在我国西北革命根据地（以延安为中心的陕甘宁边区）进行实地采访的所见所闻，向全世界真实报道了中国工农红军以及很多红军领袖、红军将领的情况。毛泽东和周恩来是斯诺笔下最具代表性的人物形象。

纪实文学，是指借助个人体验方式（亲历、采访等）或使用历史文献（日记、书信、档案、新闻报道等），以非虚构方式反映现实生活或历史中的真实人物与真实事件的文学作品，其中包括报告文学、历史纪实、回忆录、传记等多种文体。学习本单元，应把握纪实文学的特点。

16　遭白匪追逐

埃德加·斯诺

【阅读提示】

　　文章讲述了斯诺在进入安塞途中被白匪追逐的经历（后由赤卫队卞队长口述得知），同时也讲述了国民党通过"民团"这一组织对地方的统治和镇压。细读文章，说说斯诺在进入红区的路途上遇到了什么？

　　"打倒吃我们肉的地主！"

　　"打倒喝我们血的军阀！"

　　"打倒把中国出卖给日本的汉奸！"

　　"欢迎一切抗日军队结成统一战线！"

　　"中国革命万岁！"

　　"中国红军万岁！"我就是在这些用醒目的黑字写的、多少有些令人不安的标语下面度过我在红区的第一夜的。

　　但是，这不是在安塞，也不是在任何红军战士的保护之下。因为，不出我的所料，我们当天并没有到达安塞，到太阳下山的时候，我们才走到一个坐落在河湾上的小村庄，四周都是阴森森地俯瞰着的山峦。有好几排石板屋顶的房子从溪口升起，标语就写在这些房子的土坯墙上。五六十个农民和目不转睛的儿童，涌出来迎接我们这个只有一匹驴子的旅队。

　　我的那位贫民会的年轻向导，决定把我安顿在这里。他说，他的一头母牛最近下了仔，附近有狼，他得回去照应。安塞离这里还有十英里路，要摸黑赶到那里是不容易的。于是他把我托给当地贫民会分会主席照料。我的向导和骡夫都拒绝接受任何报酬，不管是白区的钱，还是红区的钱。

　　分会主席是位二十出头的青年，脸色黝黑，开朗，身上穿着褪了色的蓝布褂子和白裤，露出一双牛革似的赤脚。他很客气地招待我。他请我到村公所的一间屋子里去睡，派人送来热水和一碗小米粥。但是我谢绝住在这间有臭味的黑屋子里，请他让我使用两扇拆卸下来的门板。我把这两扇门板搁在两条板凳上，摊开毯子，就睡在露天里。

这是一个美丽的夜晚，晴朗的夜空闪耀着北方的繁星，在我下面的一个小瀑布流水淙淙，使人感到和平与宁静。因为长途跋涉的疲乏，我倒头就睡着了。当我再睁开眼睛时，天已破晓。分会主席站在我的身边，摇摇我的肩膀。我当然吃了一惊，连忙翻身坐起，完全醒了过来。"什么事？"我问。"你最好早一点动身，这里附近有土匪，你得赶紧到安塞去。"

土匪？我的话已到嘴边上，正要回答我正是来找这些所谓土匪的，这时我才明白他的话是什么意思。他说的土匪，不是指红军，而是指"白匪"。我不用他再劝说就翻身而起。我不想闹出在苏维埃中国给白匪掳去这样的笑话。这里需要向读者做一些解释。白匪，用国民党的名词来说就是民团，正如赤匪用苏维埃的名词来说就是游击队一样。国民党为了要镇压农民起义，纷纷组织民团。现在国民党在中国、日本人在"满洲国"都普遍实行保甲制度这个控制农民的古老办法，民团就是作为保甲制度的一个有机部分进行活动的。

保甲的字面含义就是"保证盔甲"。这个制度规定每十户农民必须有个甲长，保证他们循规蹈矩，使当地县长满意。这是一种连保制度，一个保甲里的任何一个人如果犯了罪，整个保甲的人都要负责任。当初蒙古人和满洲人就是用这个办法统治中国的。用这个方法来防止农民组织反叛，几乎是无往而不胜。因为保甲长几乎总是富农、地主、开当铺或放债的，他们是最最积极的，自然不愿"担保"任何具有叛逆倾向的佃户或债户。无人担保是一件十分严重的事情。一个无人担保的人，可以用任何借口，当作"嫌疑分子"投入牢狱。

实际上这就是说，整个农民阶级的命运是操在乡绅阶级的手中，后者随时可以用拒绝担保的方法来毁掉一个人。保甲制度的重要作用之一，就是征收捐税维持民团。民团是由地主和乡绅挑选、组织和指挥的。它的主要任务是反对共产主义，帮助收租交谷，包讨欠债本息，帮助县长勒索苛捐杂税。

所以，每当红军占领一个地方，它的第一个，也是最后一个敌人就是民团。因为除了出钱供养他们的地主外，民团没有什么基础，红军一到，他们当然就失去了这个基础。中国的真正阶级战争，从民团和红军游击队的斗争上，可以看得最清楚，因为这一个斗争往往就是地主和他们以前的佃农债户之间的直接武装冲突。民团的人数有几十万，是中国两百万左右名义上反共的军队的最重要的辅助部队。

匆匆地吞下了几口热茶和麦饼以后，我跟分会主席所派的另外一个向导兼骡夫一同出发。我们沿着一条河床走了一个钟头，有时经过一些窑洞组成的小村落，便有毛茸茸的狗恶狠狠地朝我吠叫，站岗的儿童走出来查问我们的路条。接着我们走到了一个巨石围绕、自然形成的可爱的水潭旁边。在这里我遇见了第一个红军战士。

除了一匹身上披着绣有一颗金星的天蓝色鞍毯的白马在河边吃草以外，只有他一个人。这个青年正在洗澡，我们走近时，他很快地跳了出来，披上天蓝色的褂子，戴上白布的头巾，上面有一颗红星。一支毛瑟枪挂在他腰际，木盒子柄上垂着一绺红缨绸带。他手按着枪，等着我们走近，问向导我们有什么事情。后者拿出他的路条，简单地说明了我是怎么被交给他的，那个战士好奇地看着我，等我进一步解释。

"我是来见毛泽东的，"我说，"我知道他在安塞。我们还得走多远？""毛主席吗？"他慢吞吞地问，"不，他不在安塞。"接着他看了看我们的后面，问我是不是没有别人。他弄清楚确实只有我一人之后，态度才自然起来，他微笑着，好像有什么秘密的好玩的事情似的。他对我说："我正要到安塞去。我和你一块到县政府去吧。"

他牵着马在我身边走，我自动地更详细地介绍了我自己，也问了一些关于他的情况的问题。我弄清楚了他是在政治保卫局里工作，在这一带边境上值班巡逻。那匹马？这是张学良少帅的"礼物"。他告诉我，最近在陕北的战争中，红军从张学良的军队方面俘获了一千多匹马。我又进一步知道他姓姚，二十二岁，当红军已经六年了。六年！他该有什么样的故事可以讲啊！

我很喜欢他。他是一个外貌诚实的青年，长得很匀称，红星帽下一头乌亮的黑发。在寂寞的山谷中遇见了他，令人安心。真的，我甚至忘记了问他关于土匪的事情，因为我们很快就谈到红军在春天的东征山西。我告诉他那次东征在北京所发生的影响，他也告诉我，他在那次惊人的"抗日东征"中的个人经验，据说红军在一个月内增加了一万五千人。

两个小时后，我们到了安塞，我在苏区境内已经有一天半了，可是还没有看见一点战时紧张的迹象，只遇到过一个红军战士，所看见的老百姓，似乎毫不例外地都在从容不迫地从事田间劳动。不过，我是不会给外表所欺骗的。我记得，在1932年的中日淞沪战争中，中国农民就在炮火交加之中也毫不在乎地继续种他们的田。所以，当我们转一个弯刚要走进百家坪，就听到头顶上传来令人胆战心惊的呐喊声时，我不是完全没有准备的。

我抬头向传来凶狠的呐喊声的地方看去，只见大路前面山坡上有十几个农民站在一排营房似的房子前，挥舞着长矛短枪和几支步枪，神情非常坚决。他们要把我当作一个帝国主义者交给行刑队吗？还是当作一个真正的访问者来欢迎？看来我这一个闯封锁线的人的命运是立刻就要决定了。我对姚一定露出很滑稽的脸色，因为他忽然大笑起来。他咯咯地笑着："不怕！不怕！他们不过是几个游击队——正在操练。这里有一个红军游击队学校。不要惊慌！"

【思考探究】

一、文中作者遭遇白匪追击，得到了谁的帮助？"白匪"是什么人？

明确： 得到了当地贫民会分会主席的帮助；白匪指的是民团，是封建时代遗留下来的保甲制度的产物。

二、请从描写的角度分析第九段中的句子："分会主席是位二十出头的青年，脸色黝黑，开朗，身上穿着褪了色的蓝布褂子和白裤，露出一双牛革似的赤脚。"

明确： 运用了肖像描写，很好地刻画出了一个朴实、普通的贫民形象。

17　造反者

埃德加·斯诺

【阅读提示】

选段主要写作者来到百家坪见"造反者"，通过一些细致的描写，凸显了"造反者"的高贵品质。那么，"造反者"到底是谁呢？

我和周恩来谈了几分钟，向他说明了我的身份以后，他就替我安排在百家坪过夜，叫我在第二天早晨到他设在附近的一个村庄里的司令部去。

我坐下来和驻扎在这里的交通处的一部分人员一起吃饭，见到了十几个宿在百家坪的青年。他们有些人是游击队学校的教员，一个是无线电报务员，有几个是红军军官。我们吃的有炖鸡、不发酵的保麸馒头、白菜、小米和我放量大吃的马铃薯。可是像平常一样，除了热开水之外，没有别的喝的，而开水又烫得不能进口。因此我口渴得要命。

饭是由两个态度冷淡的孩子侍候的，确切地说是由他们端来的，他们穿着大了好几号的制服，戴着红军八角帽，帽舌很长，不断掉下来遮住他们的眼睛。他们最初不高兴地看着我，可是在几分钟后，我就想法惹起了其中一个孩子的友善的微笑。这使我胆子大了一些，他从我身边走过时，我就招呼他："喂，给我们拿点冷水来。"

那个孩子压根儿不理我。几分钟后，我又招呼另外一个孩子，结果也是一样。

这时我发现戴着厚玻璃近视眼镜的交通处长李克农在笑我。他扯扯我的袖子，对我说："你可以叫他'小鬼'，或者可以叫他'同志'，可是，你不能叫他'喂'。这里什么人都是同志。这些孩子是少年先锋队员，他们是革命者，所以自愿到这里来帮忙。他们不是佣仆。他们是未来的红军战士。"

正好这个时候，冷水来了。

"谢谢你——同志！"我道歉说。

那个少年先锋队员大胆地看着我。"不要紧，"他说，"你不用为了这样一件事情感谢一个同志！"

我想，这些孩子真了不起。我从来没有在中国儿童中间看到过这样高度的个人自尊。可是，这第一次遭遇不过是少年先锋队以后要使我感到意外的一系列事情的开端而已，因为我深入苏区以后，我就会在这些脸颊红彤彤的"红小鬼"——情绪愉快，精神饱满，而且忠心耿耿——的身上发现一种令人惊异的青年运动所表现的生气勃勃精神。

第二天早晨护送我到周恩来的司令部去的，就是列宁儿童团的一个团员。司令部原来是一个不怕轰炸的小屋，四面围着许多同样的小屋，农民都若无其事地住在那里，尽管他们是处在战区中间，而且他们中间还有个东路红军司令。我心里不由得想，红军能够这样不惹人注目地开进一个地方，是不是红军受到农民欢迎的原因？附近驻扎一些军队似乎一点也没有破坏农村的宁静。

周恩来给我的印象是，他头脑冷静，善于分析推理，讲究实际经验。他态度温和地说出来的话，同国民党宣传九年来污蔑共产党人是什么"无知土匪""强盗"和其他爱用的骂人的话，形成了奇特的对照。

不知怎么，当他陪着我走过安静的乡间田埂，穿过芝麻田、成熟的小麦田、沉甸甸地垂着穗的玉米田，回到百家坪去时，他似乎是一点也不像一般所描绘的赤匪。相反，他倒显得真的很轻松愉快，充满了对生命的热爱，就像神气活现地仿佛一个大人似的跟在他旁边走的"红小鬼"一样，他的胳膊爱护地搭在那个"红小鬼"的肩上。他似乎很像在南开大学时期演戏时饰演女角的那个青年——因为在那个时候，周恩来面目英俊，身材苗条，像个姑娘。

【思考探究】

一、作者笔下的"造反者"是指谁？试分析人物形象。

明确： "造反者"是指周恩来；他是中国人中间最罕见的一种人，

一个行动同知识和信仰完全一致的纯粹知识分子，是一个书生出身的"造反者"。

二、"你可以叫他'小鬼'，或者可以叫他'同志'，可是，你不能叫他'喂'。"请从语言得体的角度谈谈你的理解。

明确：称呼对方要注意语言表达得体，这是一种语言修养。文中"小鬼"是爱称，表明是一个调皮的机灵鬼；"同志"是书面称呼，常运用，最为得体；而"喂"则是一种不礼貌的称呼，不容易被对方接受，表达就不够得体了。

18 贺龙二三事

埃德加·斯诺

【阅读提示】

作者在护送物资到保安途中，红军指挥员李长林同志给作者讲起：贺龙当时是一个土匪头子，在哥老会①的名声遍及全国。那么我们一起来深入了解一下贺龙的革命经历。

第二天早晨六点钟，我就同一队大约四十名青年一起出发，他们是属于通信部队的，正要护送一批物资到保安去。

我发现只有我自己，外交部的一个人员傅锦魁（音译）和一个红军指挥员李长林有坐骑。也许这话说得并不完全确切：傅锦魁在一头壮实的，但是负担已经过重的骡子背上挤了一个栖身的地方；李长林骑的一头驴子，负担同样过重；我像腾云驾雾似的跨在仅有的一匹马上，它是不是真的在我胯下，有时我也没有多大把握。

我的这头牲口的弓背像一弯新月，迈步像骆驼一样缓慢，瘦腿软弱发抖，随时可能倒下不起，咽下最后一口气。我们顺着河床爬到河边悬崖上的羊肠小道时，它使我特别担心。要是我在它的瘦骨嶙峋的背上稍微挪动一下重心，我们俩就会一起掉向下面岩石嶙峋的峡谷中去。

李长林高高地跨在他的一堆行李上，看到我的狼狈相，不禁大笑。"你坐的马鞍倒不错，同志，不过马鞍下面是什么东西？"

我没有抱怨的份儿，因为毕竟我算老几，能够骑马；但是对他的玩笑，我禁不住说道："请你告诉我，李长林，你们怎么能够骑着这种瘦狗去打仗呢？你们的红军骑兵就是这样的吗？"

"不是！你会看到的！你的牲口'坏啦'？就是因为我们把这种牲口留在后方，我们的骑兵在前线才不可战胜！要是有一匹马又壮又能跑，就是毛泽东也不能把它留下不送前线！我们在后方只用快死的

---

① 哥老会：起源于湖南和湖北，是近代中国活跃于长江流域，声势和影响都很大的一个秘密结社组织。

老狗。什么事情都是这样：枪炮、粮食、农服、马匹、骡子、骆驼、羊——最好的都送去给我们的红军战士！如果你要马，同志，请到前线去！"

我决定一有可能就按他的劝告去办。"但是，李长林，你自己怎么不在前线呢？你也'坏啦'？""我，'坏啦'？绝不是！但是前线少一个好人比少一匹好马好办！"

李长林是湖南人，大革命开始时还是个中学生。他加入了国民党，一直留在党内，到1927年政变后才加入共产党。他在香港邓发的领导下做过一段时期的工会组织者，后来到江西苏区，成为游击队领导人。他在1925年时曾奉国民党之命同一个宣传队去做一项很重要的工作，那就是去见"土匪头子"贺龙，贺龙现在在国民党报纸上被称为"劣迹昭著"的贺龙，但当时却是个极力要争取的领袖人物。李长林奉命同他的宣传队去把贺龙争取过来，参加国民党的国民革命。

"即使在那个时候，贺龙的部下也不是土匪，"有一天，我们坐在一条清凉的溪流旁边几棵树下休息时，李对我说，"他的父亲是哥老会的一个领袖，他的名望传给了贺龙，因此贺龙在年轻时就闻名湖南全省。湖南人都传说他年轻时的许多英勇故事。他的父亲是清朝一个武官，一天别的武官请他去赴宴。他把儿子贺龙带去。做爸爸的吹嘘自己儿子如何勇敢无畏，有个客人想试他一下，在桌子底下开了一枪。他们说贺龙面不改色，连眼睛都没有眨一下！

"我们见到他时，他已在省军中任职。他当时控制的地区是云南运鸦片烟到汉口去的必经之道，他就靠抽烟税为生，不抢老百姓。他的部下也不像许多军阀的军队那样强奸民女、大吃大喝，他也不让他们抽大烟。他们都把枪擦得亮亮的。但是当时习惯用大烟敬客。贺龙本人不抽大烟，但我们到时他把烟具和大烟送上炕来，我们就在烟炕上谈革命。我们的宣传队长是周逸群，他是个共产党员，同贺龙有些亲戚关系。我们同他谈了三个星期。贺龙除了在军事方面以外，没有受过多少教育，但是他并不是个无知的人。他很快懂得革命的意义，但是他经过了慎重的考虑，同他的部下商量，最后才同意加入国民党。

"我们在他的军队里办了一个党的训练班，由周逸群主持，周后来牺牲了。虽然这是一个国民党的训练班，但是大多数教员都是共产党员。入学的学员很多，后来都成了政治领导人。除了贺龙的部队以外，这个学校也为第三师培养政治委员，第三师归袁祖铭统率，他当时是左路军军长，后来被唐生智的特务暗杀，第三师就交给贺龙指挥。他的部队这样扩充后就称为第二十军，成为国民党左派将领张发奎的第四集团军的一部分。"

李长林说，贺龙到 1927 年南昌八一起义后才参加共产党。在这以前不久，他还效忠于汪精卫的武汉（国民党）政府。但是唐生智、何键等镇压打倒地主的运动，开始著名的"农民大屠杀"，国民党军阀不仅处决共产党人，而且处决大批农会领袖、工人、学生，这使贺龙才毅然投向共产党。他出身于贫苦的农民家庭，完全同情穷人，这种屠杀激起他的愤怒。

"南昌起义后贺龙怎样了？""他的部队失败后，他和朱德转移到汕头。他们又吃了败仗。他的残部去了内地，但是贺龙却逃到香港。后来他又偷偷地去了上海，从那里化了装回湖南。传说贺龙用一把菜刀在湖南建立了一个苏区。那是早在 1928 年。贺龙躲在一个村子里，同哥老会的兄弟们策划起义，这是有几个国民党收税的来了。他就率领村里的几个人袭击收税的，用他自己的一把刀宰了他们，解除了他们的卫队的武装。从这一事件中，他缴获了足够的手枪和步枪来武装他的第一支农民军。"

贺龙在哥老会中的名声遍及全中国。红军说，他可以手无寸铁地到全国任何哪个村子里去，向哥老会说出自己的身份后，组织起一支部队来。哥老会的规矩和黑话很难掌握，但是贺龙的"辈分"最高，因此据说曾经不止一次把一个地方的哥老会全部兄弟收编进红军。他的口才很好，在国民党中是有名的。李说他说起话来能"叫死人活过来打仗"。

贺龙的红二方面军在1935年最后从湖南苏区撤出时，据说有步枪四万多支。这支红军在他自己的去西北的长征路上所经受的艰难困苦较之江西红军主力甚至更大。在雪山上死去的有成千上万，又有成千上万的饿死或被南京方面炸死。但是由于贺龙的个人感召力和他在中国农村的影响，据李说，他的许多部下宁可与他一起在路上死去，也不愿意离去，在长征路上有成千上万的穷人参加，填补缺额。最后他率众约二万人——大多数赤着脚，处于半饥饿和筋疲力尽状态——到达西藏东部，与朱德会师。经过几个月的休整，他的部队现在又在行军路上，向甘肃进发，预期在几个星期之内就可以到达。

"贺龙的外表怎么样？"我问李。

"他是个大个子，像只老虎一样强壮有力。他已年过半百，但仍很健康。他不知疲倦。他们说他在长征路上背着许多受伤的部下行军。即使他还在当国民党的将领时，他生活也跟他的部下一样简单。他不计较个人财物——除了马匹。他喜欢马。有一次他有一匹非常喜欢的马，这匹马给敌军俘获了。贺龙又去打仗夺回来。结果真的夺了回来！虽然贺龙性格很急躁，但是他很谦虚。他参加共产党后，一直忠于党，从来没有违反过党的纪律。他总希望别人提出批评，留心听取意见。他的妹妹很像他，个子高大，是个大脚女人。她领导红军作战——还亲自背伤员。贺龙的妻子也是如此。"

贺龙对有钱人的仇视，在中国是到处流传的——这似乎主要要回溯到他的红色游击队刚刚开始组成的年代，当时湖南苏区还没有处在共产党的全面控制之下。在何键"农民大屠杀"时期许多农民有亲友遭到牺牲，或者反动派在何键统治下夺回权力后，本人遭到地主的殴打和压迫，都抱着深仇大恨来投奔贺龙。据说，如果贺龙还在二百里外的地方，地主士绅都要闻风逃跑，哪怕有南京军队重兵驻守的地方也是如此，因为他以行军神出鬼没著称。

【思考探究】

一、为什么贺龙在国民党的"农民大屠杀"的情况下，还毅然投向共产党？

明确：因为贺龙目睹了国民党军阀进行的"农民大屠杀"，以及处决共产党人、大批农会领袖、工人、学生。他出身于贫苦的农民家庭，完全同情穷人，这种屠杀激起他的愤怒。于是贺龙才毅然投向共产党。

二、根据选文的内容，分析贺龙的性格特点。

明确：（1）贺龙参加共产党后一直忠于党，从来没有违反过党的纪律，总希望别人提出批评，提出意见，这体现了他谦虚、守纪律、忠诚的性格特点。（2）他在长征路上背着受伤的部下行军，不计较个人财物，生活和部下一样简单，这体现了他关心部下、大方节俭的性格特点。（3）他为了夺回战马又去打败敌军，说明他性格急躁、英勇善战。（4）他仇视地主和士绅，善待贫苦农民，说明他爱憎分明，识大体。

19　过大草地

埃德加·斯诺

【阅读提示】

红军在第五次反围剿失利后，开启了漫漫长征路，巧渡金沙江，飞夺泸定桥，一个个让人热血沸腾的场面，令人震撼。那红军过大草地又会给我们带来哪些震撼呢？

安然渡过了大渡河以后，红军进入了相对来说是自由天地的川西，因为这里的碉堡体系还没有完成，主动权基本上操在他们自己手里。但是战斗之间的困难还没有结束。他们面前还需进行两千英里的行军，沿途有七条高耸的山脉。

红军在大渡河以北爬上了一万六千英尺高的大雪山，在空气稀薄的山顶向西望去，只见一片白雪皑皑的山顶——西藏。这时已是六月了。在平原地带天气很热，可是在过大雪山时，这些衣衫单薄、气血不旺的南方战士不习惯于高原气候，冻死不少。更难的是爬荒凉的炮铜岗，他们可以说是自己铺出一条路出来的，一路砍伐长竹，在齐胸深的泥淖上铺出一条曲折的路来。毛泽东告诉我，"在这个山峰上，有一个军团死掉了三分之二的驮畜。成百上千的战士倒下去就没有再起来"。

他们继续爬山。下一个是邛崃山脉，又损失了许多人马。接着他们过美丽的梦笔山、打鼓山，又损失了不少人。最后在 1935 年 7 月 20 日，他们进入了四川西北的富饶的毛尔盖地区。同四方面军和松潘苏区会合。他们在这里停下来作长期的休整，对损失作了估计，重整了队伍。

一、三、五、八、九军团九个月以前在江西开始长征时有大约九万武装，现在他们的镰刀锤子旗下只剩下四万五千人。并不是全部都是牺牲的，掉队的，或者被俘的。作为防御战术，红军在湖南、贵州、云南的长征路上留下一小部分正规军干部在农民中间组织游击队，在敌军侧翼进行骚扰和牵制活动。成百上千条缴获的步枪一路分发，从江西到四川给国民党军队造成了许多新的多事地区。贺龙在湖南北部仍守住他的小小的苏区，后来又有萧克的部队前去会合。许多新建的游击队都开始慢慢地向那里移动。南京要赶走贺龙还得花整整一年时间，而且那也是在红军总司令部命令他入川以后才做到的，他的入川行动在极其艰难险阻的情况下经过西康才完成。

江西的红军到这时为止的经历为他们提供了许多值得反省的教训。他们交了不少新朋友，也结了不少新怨仇。他们沿途"没收"有钱人——地主、官吏、豪绅——的财物作为自己的给养。穷人则受到了保护。没收是根据苏维埃法律有计划进行的，只有财政人民委员部的没收部门才有权分配没收物资。它统一调配全军物资，所有没收物资都要用无线电向它报告，由它分配行军各部队的供给数量，他们往往迂回在山间，首尾相距足足达五十英里以上。

"剩余物资"——红军运输力所不及的物资——数量很大，就分配给当地穷人。红军在云南时从有钱的火腿商那里没收了成千上万条火腿，农民们从好几里外赶来免费领一份，这是火腿史上的新鲜事儿。成吨的鸭也是这样分配的。在贵州从地主官僚那里没收了许多养鸭场，红军就顿顿吃鸭，一直吃到——用他们的话来说——"吃厌为止"。他们从江西带着大量南京的钞票、银洋和自己的国家银行的银块，一路上凡是遇到贫困地区就用这些货币来付所需的物资。地契都已焚毁，捐税也取消了，贫农还发给了武装。

红军告诉我，除了在川西的经验以外，他们到处受到农民群众的欢迎。他们大军未到，名声早就已经传到，常常有被压迫农民派代表团来要求他们绕道到他们乡里去"解放"他们。当然，他们对红军的政纲是很少有什么概念的，他们只知道这是一支"穷人的军队"。这就够了。毛泽东笑着告诉我有一个这样的代表团来欢迎"苏维埃先生"！但是这些乡下佬并不比福建军阀卢兴邦更无知，后者曾在他统辖的境内出了一张告示，悬赏"缉拿苏维埃，死活不论"。他宣称此人到处横行不法，应予歼灭！

在大草地一连走了十天还不见人烟。在这个沼泽地带几乎大雨连绵不断，只有沿着一条为红军当向导的本地山民才认得出像迷宫一样的曲折足迹，才能穿过它的中心。沿途又损失了许多人员和牲口。许多人在一望无际的一些水草中失足陷入沼泽之中而没了顶，同志们无从援手。沿途没有柴火，他们只好生吃青稞和野菜。没有树木遮阴，轻装的红军也没有带帐篷。到了夜里他们就蜷缩在捆扎在一起的灌木枝下面，挡不了什么雨。但是他们还是胜利地经过了这个考验，至少比追逐他们的白军强，白军迷路折回，只有少数的人生还。

红军一共爬过十八条山脉，其中五条是终年盖雪的，渡过二十四条河流，经过十二个省份，占领过六十二座大小城市，突破十个地方军阀军队的包围，此外还打败、躲过或胜过派来追击他们的中央军各部队。他们开进和顺利地闯过六个不同的少数民族地区，有些地方是中国军队几十年所没有去过的地方。

【思考探究】

一、红军在过大草地时，遇到了前所未有的困难，请简要概述。

明确：（1）行难。红军过草地之艰难，是后人难以感受到的。茫茫草地，一望无涯，遍地是水草、沼泽、泥潭，根本没有路。人和马必须踏着草甸走，从一个草甸跨到另一个草甸，跳跃前进。（2）食难。准备的青稞麦炒面，需要用水煮和着吃，没有水，干吃很难受，且口渴难熬。（3）御寒难。草地天气，一日三变，温差极大。早上，太阳出得晚，很冷；中午晴空万里，烈日炎炎；下午往往突然乌云密布，雷电交加，暴雨冰雹铺天盖地而来，或者雾雨朦胧。（4）宿营难。草地净是泥泞渍水，一般很难夜宿。行军到了傍晚，往往要找一个土丘、河边、高地，比较干一点的地方宿营。如果找不到比较干一点的地方，就只好在草地里露宿。

二、红军身上有哪些精神值得我们学习？

明确：红军乐于吃苦，不惧艰难的革命乐观主义；勇于战斗，无坚不摧的革命英雄主义；重于求实，独立自主的创新胆略；善于团结，顾全大局的集体主义。其主题是"一不怕苦，二不怕死"；其最显著的特点就是革命英雄主义精神。长征精神，是中华民族百折不挠、自强不息的民族精神的最高表现，是保证我们革命和建设事业从胜利走向胜利的强大精神力量。

奉献、顽强、拼搏，体现了红军不怕牺牲、仇恨敌人、热爱祖国、热爱人民的伟大精神和英雄气概。他们的伟大精神和钢铁般的意志很值得我们学习。

20 "红小鬼"

埃德加·斯诺

【阅读提示】

　　文章讲述了红色中国的少年们耐心、勤劳、聪明、努力学习，他们代表着中国的希望。那么，"红小鬼"到底是哪些人呢？

　　一天早上，我登上预旺堡又宽又厚的黄色城墙，从上面往下看，一眼就望得到三十英尺下的地面上在进行着许多不同的却又单调和熟悉的工作。这仿佛把这个城市的盖子揭开了一样。城墙有一大段正在拆毁，这是红军干的唯一破坏行动。对红军那样的游击战士来说，城墙是一种障碍物，他们尽量在开阔的地方同敌人交锋，如果打败了，就不固守城池消耗兵力，因为在那里有被封锁或歼灭的危险，而要马上撤退，让敌人去处于这种境地。一旦他们有充分强大的兵力可以夺回那个城池时，城墙拆了就容易一些。

　　在开了枪眼的雉堞上刚兜了一半，我就遇见了一队号手——这时总算在休息，这叫我感到高兴，因为他们的响亮号声已接连不断地响了好多天了。他们都是少年先锋队员，不过是小孩子，因此我停下来对其中一个号手谈话时就采取了一种多少是父辈的态度。他穿着网球鞋、灰色短裤，戴着一顶褪了色的灰色帽子，上面有一颗模模糊糊的红星。但是，帽子下面那个号手可一点也不是褪色的：红彤彤的脸，闪闪发光的明亮眼睛，这样的一个小孩子你一看到心就软了下来，就像遇到一个需要友情和安慰的流浪儿一样。我想，他一定是非常想家的吧。可是很快我就发现自己估计错了。他可不是妈妈的小宝贝，而已经是位老红军了。他告诉我，他今年十五岁，四年前在南方参加了红军。

　　"四年！"我不信地叫道，"那么你参加红军时准是才十一岁啰？你还参加了长征？"

　　"不错，"他得意扬扬有点滑稽地回答说，"我已经当了四年红军了。"

“你为什么参加红军？”我问道。

“我的家在福建漳州附近。我平时上山砍柴，冬天就采集树皮。我常常听村里的人讲起红军。他们说红军帮助穷人，这叫我喜欢。我们的家很穷。一家六口，我的父母和三个哥哥，我们没有地。收成一半以上拿来交租，所以我们老是不够吃。冬天，我们烧树皮喝汤，把粮食省下来做来春的种子。我总是挨饿。

“有一年，红军来到漳州附近。我翻过山头，去请他们帮助我们的家，因为我们很穷。他们待我很好。他们暂时把我送到学校去读书，我吃得很饱。几个月以后，红军占领了漳州，来到我们村子上。地主、放债的和做官的都给赶跑了。我家分到了地，用不着再缴税缴租了。家里的人很高兴，都称赞我。我的两个哥哥也都参加了红军。”

“他们现在在哪里？”

“现在？我不知道。我离开江西时，他们在福建的红军里，他们和方志敏在一起。现在我可不知道了。”

“农民喜欢红军吗？”

“喜欢红军？他们当然喜欢。红军分地给他们，赶走了地主、收税的和剥削者。”（这些“红小鬼”都有他们的马克思主义词汇！）

“但是说实在的，你怎么知道他们喜欢红军呢？”

“他们亲手替我们做了一千双、一万双鞋子。妇女给我们做军服，男子侦察敌人。每户人家都送子弟参加我们红军。老百姓就是这样待我们的！”

不用问他是不是喜欢他的同志。十三岁的孩子是不会跟着他所痛恨的军队走上六千英里的。

红军里有许多像他一样的少年。少年先锋队是由共产主义青年团组织的，据共产主义青年团书记冯文彬说，在西北苏区一共有少年先锋队员约四万名。单单在红军里就有好几百名：在每一个红军驻地都有一个少年先锋队“模范连”。他们都是十二岁至十七岁（照外国算法实际是十一岁至十六岁）之间的少年，他们来自中国各地。他们当中有许多人像这个小号手一样，熬过了从南方出发的长征的艰苦。有许多人是出征山西期间加入了红军。

少年先锋队员在红军里当通讯员、勤务员、号手、侦察员、无线电报务员、挑水员、宣传员、演员、马夫、护士、秘书甚至教员！有一次，我看见这样一个少年在一张大地图前，向一班新兵讲解世界地理。我生平所见到的两个最优美的儿童舞蹈家，是一军团剧社的少年先锋队员，他们是从江西长征过来的。

你可能会想，他们怎么能经受这样的生活。已经死掉或者被杀的，一定有不少。在西安府污秽的监狱里，关着二百多名这样的少年，他们是在做侦察或宣传工作时被捕的，或者是行军时赶不上队伍而被抓的。但是他们的刚毅坚忍精神令人叹服，他们对红军的忠贞不贰、坚定如一，只有很年轻的人才能做到。

我记得在甘肃碰到过这样一个逃跑的学徒，他的绰号叫山西娃娃。他被卖给山西洪洞县附近一个镇上的一家店铺，红军到来时，他同另外三个学徒偷偷爬过城墙，参加了红军。他是怎样认为自己属于红军一边的，我可不知道，但显而易见，阎锡山的一切反共宣传，他的长辈的一切警告，已产生了同他们的原意相反的效果。他是一个圆滚滚的胖孩子，长着一张娃娃脸，只有十二岁，但已经很能照顾自己，这在他越过晋陕边境进入甘肃的行军中得到了证明。我问他为什么当红军，他回答说："红军替穷人打仗。红军是抗日的。为什么不要当红军呢？"

又有一次，我碰到一个十五岁的瘦少年，他是在甘肃河连湾附近的一所医院里工作的少年先锋队和共青团的头头。他的家在兴国，那是红军在江西的模范县，他说他有一个兄弟还在那里的游击队里，他的姐姐是护士。他不晓得他家里的人怎么样了。是的，他们都喜欢红军。为什么？因为他们"都懂得红军是我们自己的军队——为无产阶级作战"。我不知道向西北的长途跋涉在他年轻的脑海里留下什么印象，但是我没有能够弄清楚，对这个一本正经的少年来说，这整个事情居然是一件小事，只是徒步走过两倍于美国宽度的距离的小事情。

"很苦吧，嗯？"我试着问道。

"不苦，不苦。有同志们和你在一起，行军是不苦的。我们革命青年不能想到事情是不是困难或辛苦；我们只能想到我们面前的任务。如果要走一万里，我们就走一万里；如果要走二万里，我们就走二万里！"

"那么你喜欢甘肃吗？它比江西好还是比江西坏？南方的生活是不是好一些？"

"江西好。甘肃也好。有革命的地方就是好地方。我们吃什么，睡在哪里，都不重要。重要的是革命。"

千篇一律的回答，我心里想，这个年轻人从某个红军宣传员那里把答话学得很好。第二天，在红军士兵的一个大规模集会上，我十分惊奇地发现他是主要讲话的人之一，他自己就是个"宣传员"。他们告诉我，他是军队里最好的演说家之一，而在这次大会上，他对当前的政治形势，以及红军要停止内战并同一切抗日军队成立"统一战线"的理由，做了一番很简单而又充分的说明。

在苏区，少年先锋队员的任务之一，是在后方检查过路旅客，看他们有没有路条。他们十分坚决地执行这项任务，把没有路条的旅客带到当地苏维埃去盘问。彭德怀告诉我，有一次被几个少年队员喝令站住，要看他的路条，否则就要逮捕他。

"但是我就是彭德怀，"他说，"这些路条都是我开的。"

"你是朱总司令我们也不管，"小鬼们不信说，"你得有个路条。"他们叫人来增援，于是有几个孩子从田里跑来。

彭德怀只好写了路条，签了字，交给他们，才能够继续上路。

总的说来，红色中国中有一件事情，是很难找出有什么不对的，那就是"小鬼"。他们精神极好。我觉得，大人看到了他们，就往往会忘掉自己的悲观情绪，想到自己正是为这些少年的将来而战斗，就会备受鼓舞。他们总是愉快而乐观，不管整天行军的疲乏，一碰到人问他们好不好就回答"好！"他们耐心、勤劳、聪明、努力学习，因此看到他们，就会使你感到中国不是没有希望的，就会感到任何国家有了青少年就不会没有希望。在少年先锋队员身上寄托着中国的将来。只要这些少年能够得到解放，得到发展，得到启发，在建设新世界中得到起应有的作用的机会。我这样说听起来大概好像是在说教，但是看到这些英勇的年轻人，没有人能不感到中国的人并不是生来腐败的，而是在品格上有着无限发展前途。

【思考探究】

一、读了本文，你从"红小鬼"的身上看到了哪些品质？

明确： 从"红小鬼"身上看到了耿直认真、讲原则。执行任务时不让没路条的彭德怀过路；乐观好学、积极进取。不管行军疲乏，对自己生活感到满意，并且努力学习，被斯诺认为是国家的希望。

二、选文中，作者在描写"红小鬼"——少年先锋队员时采用了什么写作手法？

明确： 采用了夹叙夹议的手法。作者先叙述了"红小鬼"坚决执行任务的事例，然后对他们的精神面貌以及对国家发展的影响进行了评价。叙事与议论相结合，使得文章更具有感染力。

第五单元

★ ★ ★ ★ ★

单元说明

    本单元内容选自《长征——前所未闻的故事》。《长征——前所未闻的故事》是记述 20 世纪 30 年代中共领导下的中国工农红军面临绝境，被迫转移，历经艰难险阻，终于脱离险境的纪实性文学作品。

    本单元截取了书中几个重要的片段，我们学习本单元时要注意，这些作品是一个美国人哈里森·索尔兹伯里以他的角度和眼光看待的长征，我们来了解一下外国人是怎样看待长征的。

    长征是一篇史诗。不仅是因为纯朴的战士及其指挥员们所体现的英雄主义精神，还因为长征实际上成就了中国革命的未来。它锻造了在毛泽东领导下打垮蒋介石、夺取全中国的整整一代人和他们兄弟般的革命情谊。长征在历史的天空画上了斑斓的一笔，有着很多前所未闻的故事。

    现在，在美国、欧洲等地，人们对于几十年前由一支规模不大，不引人注目的中国男女组成的队伍所进行的一次军事行动表现出浓厚的兴趣，如果中国读者对此感到费解，我只能重复哈里森·索尔兹伯里就这场"激动人心的远征"说过的话，"它过去是激动人心的，现在它仍会引起世界各国人民的钦佩和激情。我想它将成为人类坚定无畏的丰碑，永远流传于世。阅读长征的故事将使人们再次认识到，人类的精神一旦唤起，其威力是无穷无尽的"。

    本单元继续阅读纪实文学，了解长征，走进长征，领悟革命前辈的长征精神。

21　长征及其由来

哈里森·索尔兹伯里[①]

【阅读提示】

中国工农红军的长征是一部伟大的革命英雄主义史诗。它向全中国和全世界宣告，中国共产党及其领导的人民军队，是一支不可战胜的力量。红军长征，铸就了伟大的长征精神。长征精神，是中国共产党人和人民军队革命风范的生动反映，是中华民族自强不息的民族品格的集中展示，是以爱国主义为核心的民族精神的最高体现。长征精神为中国革命不断走向胜利提供了强大的精神动力。长征是史诗，在中国历史上描绘了斑斓的一笔，对于我们来说是一笔宝贵的精神财富，我们通过本文的学习需掌握长征的含义及意义。

每一场革命都有自身的传奇。美国革命的传奇是福吉谷。福吉谷的战斗业绩已铭记在所有美国爱国者的心中。在度过了那次严峻考验之后，乔治·华盛顿和他的战士们踏上了胜利的征途。

法国革命摧毁了巴士底狱。对于俄国革命来说则是攻占彼德格勒的冬宫。当时的巴士底狱仅关押着七名囚徒，而布尔什维克攻进冬宫则易如反掌，因为冬宫只有一些年轻人和妇女在守卫。但是这些都无关紧要。他们都成了革命的象征。

1934 年中国革命的长征却不是什么象征，而是考验中国红军男女战士的意志、勇气和力量的人类伟大史诗。

---

①哈里森·索尔兹伯里，是美国的著名作家和记者，曾任《纽约时报》副总编辑。1992年九、十月间，他病倒了，患了中风症，于 1993 年 5 月去世。在他漫长的记者和创作生涯中，曾为反映现代战争而付出了很大的精力，他的足迹深入到苏联卫国战争前线，走访了世界大战的许多战场，以他犀利的目光和鲜明的观点，揭露了法西斯侵略者的罪行及其内幕。他的许多报道和作品早已誉满美国、蜚声世界文坛。

　　它不是一般意义上的"行军"，不是战役，也不是胜利。它是一曲人类求生存的凯歌，是为避开蒋介石的魔爪而进行的一次生死攸关①、征途漫漫的撤退，是一场危在旦夕、险象环生的战斗。毛泽东曾说，"长征事前并无计划，没有让我参加长征的准备工作"，他直到最后一刻才接到撤离的通知。但是长征却使毛泽东及其共产党人赢得了中国。20世纪中没有什么比长征更令人神往和更为深远地影响世界前途的事件了。从红军1934年10月16日在华南渡过浅浅的于都河，直到毛泽东1949年10月1日在北京天安门城楼上宣布中华人民共和国成立，即共产主义在地球四分之一人口生活的土地上取得胜利，长征把中国这段历史紧紧地联系在一起。

　　中国革命的道路是漫长的。清朝的没落是一个缓慢而又痛苦的过程。它国内软弱无能，国外受到西方军事、技术及经济上的强权压迫。历经一百年，中国革命才获得成功。最早是19世纪50年代的带有假基督神秘色彩的太平军起义；接着是1900年同样神秘、疯狂和排外的神拳义和团。1911年，孙中山领导的组织涣散的民主革命者终于推翻了帝制，而其后中国却陷入了自公元前四百年的战国时期以来从未有过的混乱之中。

　　在1934年10月16日至1949年10月1日这段时间里，中国政

---

① 生死攸关：关系到生和死，徘徊在生和死的中间。指生死存亡的关键时刻。

治舞台上充满了英雄主义、人间悲剧、阴谋诡计、血腥残杀、背信弃义、低级趣味、军事天才、政治诈骗、道德追求、精神向往和个人仇恨。纷繁杂陈，不一而足，即使是大文豪莎士比亚也写不出这样浩瀚的故事。而令人神往的是，故事还没有完，恐怕永远也完不了。

1936 年，埃德加·斯诺在陕北的黄土高原采访了毛泽东和其他共产党人，首次向全世界揭示了这出悲壮的人间戏剧。这些共产党人是一年前到达陕北的，他们经历了七千多英里的行军、战斗，他们挨饿、受冻，他们穿越了地球上最险峻的峰峦沟壑和荒无人烟的广阔地区，横渡了二十四条江河，据毛计算共翻越了一千座山。

1936 年 8 月，埃德加·斯诺在保安采访老革命家徐特立（左一），右一为斯诺，左二为黄华。

据说一方面军开始踏上征途时约有八万六千名男女战士。一年后的 1935 年 10 月 19 日，可能只有六千人与毛一道抵达陕北。我首次在埃德加·斯诺的《西行漫记》中读到长征。许多中国人也是从这本书的中文版本中得知长征的，这本书使我，也使成千上万的人思潮澎湃。当时斯诺写道："总有一天会有人写出这一惊心动魄的远征的全部史诗。"他曾经想写，但由于种种原因未能如愿。经过多年的努力，我于 1972 年首次到达中国。随后，我与中国通谢伟思联名向现以故去的周恩来提出沿毛所率红军进行长征的路线采访，并撰写长征纪实的建议。在此以后十几年里，这一建议又反复提出过多次。

建议如石沉大海。那时正是毛晚年的那些动荡不安的岁月，也是"文革"和"四人帮"当权时期。毛的那些参加了长征的同志们，那些曾经在困苦和流血牺牲的战斗中休戚与共的人，都被整得七零八落。

要在那种情况下描写历史是没有多少机会的。即使在1976年毛逝世，毛的遗孀①江青及其死党被捕与受审之后，我也未能迅速打开通往长征之路的大门。只是在邓小平逐渐掌权，老英雄们得到甄别②平反并担任要职之后，更为重要的是在对历史逐渐采取了较为现实的态度之后，沿长征路线寻访的计划才有了实现的可能。

那些年变化很大，但我要记录长征史实的决心没有动摇，只要力所能及我就要实现这一计划。1983年8月，终于得到了来自北京的信息：通往长征的大门敞开了！我可以随意使用各种物力、档案和史料。我可以沿长征路线旅行，走遍二万五千里，一里也不少。后来我听说，这一决定主要是两个人做出的：中央军委副主席杨尚昆将军和前外长黄华。

1984年3月1日，我和妻子夏洛特飞往北京，对幸存下来的高级将领、党的重要人物（有些死于"文革"）的遗孀、档案管理人员和历史学家们进行了一场旋风式的采访。不久谢伟思也加入了我们的行列。在北京逗留了一个月之后，我们踏上了寻访长征路线的征途，陪同我们的有中国军事博物馆副馆长、长征历史学家秦兴汉将军和外交部高级译员张援远。

我们飞往长征开始的江西省省会南昌。我们考察了共产党人最初扎根的边远山区，采访了参加长征的几十位男女幸存者。我们的脑子里很快就装满了种种危机和冲突的故事，这种危机和冲突都足以使长征成为毁灭性的撤退。

就这样开始了我们的旅程。我们沿着红军的路线走下去。不是每一段路都走到，而是这里略一段，那里跳一段，特别是跳过了贵州境

---

① 遗孀：某人死后，他的妻子称为某人的遗孀。

② 甄别：指审查辨别（优劣、真伪）。也指考核鉴定（能力、品质等）。

内的部分迂回路线,同时还常拐出去看看非中央红军部队经由的地区。我们从金沙江渡口穿过离西藏不远的火焰山和狮头山,沿着一条崎岖小路攀登了一番,然后骑着骡子和马从群山中穿行,以感受一下红军旅途中筋疲力尽的情景。在翻越雪山时正值五月底。小路穿过莽莽雪原,伸向可怕的草地。那里与帕斯钦达耳一样,有多少人滑入了无底的泥淖,并把伸手拉他的人也拖了下去,一道去见阎王。

此次的行程为七千四百英里,在大路和小径上乘坐吉普、面包车和越野车旅行,历时两个半月。随后又不断地进行了采访。我们于1984年秋又到中国去了一次。

只有到实地旅行才能感受到毛泽东及其男女战士所经受的艰难困苦。那些地方至今还是穷乡僻壤,没有城市,没有外宾,村村镇镇中没有人记得曾有外国人来访过。

没有一个中国人或外国人进行过这样的旅行,近期内也不大可能有人这样做。

《长征——前所未闻的故事》记录了五十年前的长征,资料是从数百次采访以及文件和档案中搜集来的。我向中国人提出了我能想到的所有难题,他们尽力做了回答,常常是一遍又一遍地查对史料,直到弄清事实为止。

长征是一篇史诗。这不仅是因为纯朴的战士及其指挥员们所体现的英雄主义精神,还因为长征实际上成了中国革命的熔炉。它锻造了在毛泽东的领导下打垮蒋介石、夺取全中国的整整一代的人和他们兄弟般的革命情谊。

很可能人们还会不时地发现更多的关于长征的片段,但这本书所记载的已足以表明长征在人类活动史上是无可比拟的。也许,在长征途中发生的一切有点像犹太人出埃及,汉尼拔翻越阿尔卑斯山,或拿破仑进军莫斯科,而且我惊奇地发现,它还有些像美国人征服西部:大队人马翻越大山,跨过草原。

但任何比拟都是不恰当的。长征是举世无双的。它所表现的英雄主义精神激励着一个有十一亿人口的民族,使中国朝着一个无人能够预言的未来前进。

【思考探究】

一、读完本文，请结合内容，概述哈里森·索尔兹伯里通过亲历与采访后所理解的长征精神是什么？长征精神有怎样的现实意义？

明确：

1. 长征精神

长征是中华民族不屈不挠精神的典范。长征是人类历史上艰苦奋斗精神的楷模。长征是充满无私奉献精神的史诗。

其背后的长征精神指的是乐于吃苦，不畏艰难的革命乐观主义；勇于战斗，无坚不摧的革命英雄主义；重于求实，独立自主的创新胆略；善于团结，顾全大局的集体主义。

2. 长征精神的现实意义

弘扬长征精神有利于弘扬民族精神，加强思想道德建设，为社会的全面进步提供精神动力，促进精神文明建设与发展，可以使人们正确地认识历史，珍惜今天来之不易的和平生活，有利于发扬艰苦奋斗和艰苦创业精神。

二、请从纪实文学写作手法的角度分析下列文段作者是怎样突出长征精神的伟大的？

也许，在长征途中发生的一切有点像犹太人出埃及，汉尼拔翻越阿尔卑斯山，或拿破仑进军莫斯科，而且我惊奇地发现，它还有些像美国人征服西部：大队人马翻越大山，跨过草原。

但任何比拟都是不恰当的。长征是举世无双的。它所表现的英雄主义精神激励着一个有十一亿人口的民族，使中国朝着一个无人能够预言的未来前进。

明确：通过对比的手法，让长征与犹太人出埃及，汉尼拔翻越阿尔卑斯山，或拿破仑进军莫斯科，甚至美国人征服西部：大队人马翻越大山，跨过草原，进行对比，认为它们都不能用来比拟长征，从而突出长征是举世无双的，显示出长征精神的伟大。

22　月光下的行军

哈里森·索尔兹伯里

【阅读提示】

红军在经历了蒋介石的四次"围剿"后面临第五次"围剿"。从1933年9月25日至1934年10月，蒋介石调集约100万兵力，采取"堡垒主义"新战略，对中央革命根据地进行大规模"围剿"。这时，王明"左"倾教条主义在红军中占据了统治地位，拒不接受毛泽东的正确建议，用阵地战代替游击战和运动战，用所谓"正规"战争代替人民战争，使红军完全陷于被动地位。经过一年苦战，终未取得反"围剿"的胜利。最后于1934年10月仓促命令中央领导机关和红军主力退出根据地。红军的命运处在了危急时刻，红军在黑夜里迷茫地前行，红军的路在何方，一切都是未知。

10月10日，阳光明媚。正午刚过，一群人开始在梅坑——中央红军司令部所在地——村外的一个交叉路口集合。大约有一百多个男人和二十到二十五个妇女，看上去不像是军人。他们都是被派往休养队的——老、弱、伤、病和妇女。每人一袋干粮，十斤米，但愿够吃十天的。另外，每人还有一条毯子，一包换洗衣服，一把梳子，一把刷子，一个笔记本，可能还有一个手电筒（这是最难找到的），一些备用电池、肥皂、一两本书及其他一些必需品。每人腰带上都系着一个大搪瓷①杯子，里面塞着牙刷和毛巾。这群人中年纪最大的是中央政府秘书长谢觉哉。他已年过六十，因此为他配备了一匹马。董必武那时是四十八岁，他和毛一样，也是共产党的一位创始人，他的同志们都认为，如果当时把他留下来，肯定是死路一条。徐特立五十七岁，他曾是毛的老师。徐特立精瘦、幽默，长着一脸胡须。他有一匹马，

---

① 搪瓷：搪瓷又称珐琅，指将玻璃或陶瓷质粉末熔结在基质（如金属、玻璃或陶瓷）表面形成的外壳，多为彩色具有艺术美感的花样，用于保护和装饰。

蔡畅也有马，她是一位天不怕地不怕的妇女。此外，还给毛的怀有身孕的妻子贺子珍配备了马匹。

很快，这支杂牌军被编成了排和班，每个男女成员都领到了一杆红缨枪，以备队伍一旦遭到攻击时作为自卫武器。落日时分，党的保卫部门负责人、整个非战斗部队的指挥员、曾当过水手的邓发出现了。他一反平日的严肃态度，讲着广东口音很重的普通话同这支队伍开玩笑。他想活跃人们的情绪："这可是一支了不起的队伍呀。我们有音乐家、剧作家、作家。如果我们想演一台戏，那可是万事俱备。"气氛果然活跃了一点。队伍在暮色中向于都进发了。这是红星纵队的一部分。为了使他们不致迷失方向，沿途每隔一段就有红星标记指路。

毛是过些时候才离开的。他还有任务，其中最艰巨的一项任务就是十月十五日要给留在于都的党的干部们讲话。他必须告诉他们，红军正在撤出；还要让他们了解今后的局势，并告诉他们红军主力离开后，他们应当如何工作。这时，于都城里所有的人都意识到情况非同寻常。成千上万的部队开进于都，然后又离开，或者过江，或者南下去安远。

当然，大部分年轻的红军战士都不知道这些情况。他们相信他们要去打一场大仗，也意识到他们要冲出包围圈。很多人还领到了过冬的棉衣（这使他们很吃惊），所有的人都要在干粮袋里储存十天的粮食。然而，这次行动的真正目的何在，却一直小心地不予透露。

疾病缠身、面带菜色的毛泽东仍在接受傅连暲医生的治疗。这时他正在对一群党员干部讲话，他尽力使自己的口气充满信心。他的讲话内容没有被保存下来，不过，无疑是传达中央委员会的指示。说明部队要冲出包围圈，粉碎蒋介石的第五次"围剿"，建立新的根据地的计划；号召干部要照常工作；告诉大家部队进行了分编，红军留下了很大一部分兵力保卫苏区，他们不会永远离开，他们会回来的。毛泽东坚信，革命最终必定胜利。

这是一次高、中、低三级干部会议。毛泽东对这些干部讲话的时候，周恩来、朱德、博古、李德，所有部队的首长和党的整个最高领导机关已经上路了。中央机关十月十二日到达于都，又乘夜色朦胧穿过了于都。几千名挑夫（一天付一块银圆），挑着苏区的大量财物——印刷机、纸币镌版、造子弹的机器、重新装填空弹筒的压床、爱克斯光机、满载重要（及不重要）文件资料的箱子，红军储备的银圆、金条、大米、药品、备用的枪炮、收发报机、电话设备、大卷的电话线等。毛泽东后来说："就像大搬家一样。"埃德加·斯诺则称之为"整个国家走上征途"。这太夸张了，还是毛说得确切。

10 月 18 日傍晚，毛泽东和大约二十名随从，包括警卫员、他的秘书和工作人员，在于都北门旁一所房子的石板地小院子里集合。他们走出院子，和中央纵队的其他单位会合了。毛带了一袋书、一把破伞、两条毯子、一件旧外套、一块旧油布，留下了他那有九个口袋的旅行包。

毛泽东明知危险乃至致命的撤退就这样开始了。红军离开了共产党在过去几年中赖以生存的蓬勃发展的根据地。他们悄悄地行动，希望蒋介石的飞机不要发现并轰炸这支蜿蜒而行、前后长达六十英里的庞大而杂乱的队伍。现在是需要坚韧不拔、下定决心的时刻，不允许提任何问题。没有人知道他们将去何方，没有人知道走到哪里才是尽头。毛泽东不知道，博古、李德和周恩来也不知道。谁也猜不出再过多久蒋介石就会发现这些蠕蠕而行的队伍。没有一个指挥员不为那些如牛负重的挑夫们担心，他们中间很多人挑着他们能够肩负得起的最大重量，一天挪动两英里都很困难。

工兵营在于都河上架起了五座浮桥。当时正值枯水季节，在于都一带，河面不过二百五十英尺或三百英尺宽。河面宽些的地方，河水很浅，人和马匹可以毫不费力地涉水而过。五座浮桥分别架设在于都两侧几英里长的河面上。

毛泽东和他的队伍沿着河岸没走多远，月亮就升起来了，河面很平静，没有一丝风。一会儿他们来到渡口，踏上喀喀作响的桥板，顺利地过了河。很快，这支队伍就到河对岸向西行进了。这静谧①的夜，这月光，这河水拍击浮桥的声音，激发了男女战士的兴致。他们成一路或两路纵队沿着狭窄的小道行进，很多人轻轻地哼起了流行的红军歌曲。究竟走向何处，谁也捉摸不透。

---

① 静谧：安静。

【思考探究】

一、红军为什么要离开共产党在过去几年中赖以生存的蓬勃发展的根据地？

明确：从 1933 年 9 月 25 日至 1934 年 10 月，蒋介石调集约 100 万兵力，采取"堡垒主义"新战略，对中央革命根据地进行大规模"围剿"。这时，王明"左"倾教条主义在红军中占据了统治地位，拒不接受毛泽东的正确建议，用阵地战代替游击战和运动战，用所谓"正规"战争代替人民战争，使红军完全陷于被动地位。经过一年苦战，终未取得反"围剿"的胜利。最后于 1934 年 10 月仓促命令中央领导机关和红军主力退出根据地，所以红军不得不离开共产党在过去几年中赖以生存的蓬勃发展的根据地。

二、在课文第一段中找出红军生活艰难的句子，并谈一下描写这些生活艰难句子中数量词的作用？

明确：每人一袋干粮，十斤米，但愿够吃十天的。另外，每人还有一条毯子，一包换洗衣服，一把梳子，一把刷子，一个笔记本，可能还有一个手电筒（这是最难找到的），一些备用电池、肥皂、一两本书及其他一些必需品。每人腰带上都系着一个大搪瓷杯子，里面塞着牙刷和毛巾。

一袋、十斤、十天、一条、一包、一把、一个，这些数量词准确地表达了红军生活的物资极度匮乏，突出了红军生活的极度艰难。

23 "独立房子"的住客

哈里森·索尔兹伯里

【阅读提示】

中国革命史上不得不提的人物李德，由于他不了解中国国情，导致了红军遭受蒋介石的四次围剿，导致红军遭受致命的打击，致使红军几乎面临灭顶之灾，我们学习本文了解一下这位共产国际派驻中国的军事顾问。

李德是一个令人望而生畏的人。他身高六英尺以上，在中国同事中如鹤立鸡群①。他举止活像一个呆板的普鲁士人，如海伦·斯诺所描写的那样，是"一个纯粹的雅利安人，蓝眼睛，金黄色的头发"。他脾气暴躁，当他被秘密带入苏区时，他用一块手帕捂在脸上，遮掩他的大鼻子。他的一位密友称他为"一个典型的日耳曼人，僵硬而又迂腐"。他告诉中国人，他的真名字叫奥托·布劳恩，德语是他的母语。隐退后他一直住在东柏林，直到1974年去世。至今无法确定他是德国人还是奥地利人，中国人直到1984年还不知道"奥托·布劳恩"究竟是不是他的真名。而共产国际的秘密特使档案材料恐怕永远是封存的，这就难以进一步考证了。

李德或者奥托·布劳恩在中国留下的记录是矛盾重重的。据了解，他使用过的名字有：奥托·布劳恩（在护照上）；卡尔·瓦格尔；李德，是他常用的中国名字（他认为李德的意思是姓李的德国人）；华夫，是他在中国刊物上发表文章时使用的笔名（他自己认为这个名字的意思是中国男子汉）。当然他肯定还有别的化名。多年来，除了极少数人外，外界对他一无所知。

---

① 鹤立鸡群：像仙鹤立在鸡群之中。比喻一个人的才能或仪表在一群人里头显得很突出。

　　他对自己的经历有各种不同的说法，不过在他的回忆录中公布的一种正式说法是，他原籍德国，名叫奥托·布劳恩，生于1900年，第一次世界大战期间在德军中作战，并在巴伐利亚参加了革命军队，1919年4月在慕尼黑进行过街垒战。1920年他作为德国共产党的工作人员被捕入狱，坐牢八年。1928年他以惊人的方式越狱，秘密逃往苏联。俄国人送他上了伏龙芝军事学院，他在那里接受了战术和战略方面的训练。随后转到共产国际①，被分配到中国工作。

　　传说选派李德去中国的原因是他有多种语言知识（会德文、俄文和英文）以及他在德国革命②期间积累了街垒战的经验。有人说他是在慕尼黑参加的街垒战，有的则说是在柏林。

---

① 共产国际又名第三国际，列宁领导创建，存在于1919—1943年，总部位于莫斯科，是一个共产党和共产主义组织的国际组织。

② 德国革命又称为十一月革命，是德国在1918年与1919年发生的一连串事件，令德国皇帝威廉二世被推翻，魏玛共和国建立起来。在此期间，德国社会民主党领导的共和政府利用右翼的自由军团，镇压左翼的斯巴达克同盟。

据说，他的街垒战经验是他到中国工作的最关键的原因。共产国际希望中国革命成为俄国革命的重演——搞城市起义。1927年蒋介石确实在上海屠杀了起义的共产党人和工人。但是，用朱德的话来说，如果1927年是中国革命的"1905年"，那么下一步就将是"1917年的彼德格勒"。据莫斯科的设想，上海这样的事件无疑还会再次出现，届时，奥托·布劳恩这位德国的街垒战战士将比周恩来在1927年干得更出色。

关于这位独裁、专制而又架子十足的人被派往中国的上述原因难以得到全部证实，不过以上就是中国革命运动中反对毛泽东的所谓"俄国"派所得到的印象。

李德1932年离开莫斯科，向东经横跨西伯利亚的铁路到达满洲里火车站，在这里越过边界进入中国满洲里。据他后来说，他身上带了一本"新的护照，一本使用布劳恩这个名字的奥地利护照"。

根据他自己在回忆录中的描述，李德于1932年春抵达哈尔滨，"去一些地方进行了调查研究"（他没提是去什么地方），随后乘火车到大连，转乘轮船抵达上海，于1932年秋天住进了英国殖民者特别喜爱的老式的阿斯特旅馆。几星期后，他搬进了一套"美式公寓"。他一句中国话都不会讲，而且对中国革命的背景一无所知。与大多数派往中国的俄国代理人一样，他脑子里对中国的了解仅是白纸一张。但是他在执行命令方面是完全可以信赖的，而莫斯科所器重他的就是这一点。尽管莫斯科当时没有，后来也从未对中国的实际情况有过多少了解，然而，对中国革命却下了很大的赌注。它在中国共产党身上花了大笔的钱，而且还通过柏林银行给上海的国际红救会提供大量资金。

【思考探究】

一、李德指挥中国红军为什么会节节失利？

明确：李德来到苏区，虽然怀有帮助中国人民解放事业的良好愿望，但是他错误的干预、指挥却给中国共产党造成了重大损失。第五次反"围剿"期间，中共临时中央负责人博古将红军的军事指挥大权交给李德。这个在苏联伏龙芝军事学院学习过3年和只有街垒战经验的顾问，不问中国国情、不顾战争实际情况，仅凭课本上的条条框框，坐在房子里按地图指挥战斗，结果导致反"围剿"作战连连失利，致使红军被迫退出中央苏区，踏上了悲壮的长征路程。

二、结合文章说一说作者通过哪些方面来刻画李德的人物形象。

明确：作者通过正面描写和侧面描写来刻画李德的人物形象。

1. 正面描写

（1）外貌描写。李德是一个令人望而生畏的人。他身高六英尺以上，在中国同事中如鹤立鸡群。他举止活像一个呆板的普鲁士人，如海伦·斯诺所描写的那样，是"一个纯粹的雅利安人，蓝眼睛，金黄色的头发"。

（2）动作描写。他脾气暴躁，当他被秘密带入苏区时，他用一块手帕捂在脸上，遮掩他的大鼻子。

2. 侧面描写

如：他的一位密友称他为"一个典型的日耳曼人，僵硬而又迂腐"。他告诉中国人，他的真名字叫奥托·布劳恩，德语是他的母语。隐退后他一直住在东柏林，直到1974年去世。至今无法确定他是德国人还是奥地利人，中国人直到1984年还不知道"奥托·布劳恩"究竟是不是他的真名。而共产国际的秘密特使档案材料恐怕永远是封存的，这就难以进一步考证了。

传说选派李德去中国的原因是他有多种语言知识（会德文、俄文和英文）以及他在德国革命期间积累了街垒战的经验。有人说他是在慕尼黑参加的街垒战，有的则说是在柏林。

文中间接描写李德的内容还很多，就不一一列举了。

24 担架上的"阴谋"

哈里森·索尔兹伯里

【阅读提示】

　　索尔兹伯里在《长征——前所未闻的故事》一书中提到担架上的"阴谋"。而这个所谓的"阴谋"，实际上反映了以毛泽东为代表的正确路线被逐渐接受和认可的过程，对党和红军来说至关重要。毛泽东是伟大的领袖，他谱写了很多传奇的故事，其中担架上的谋划让他重新掌握了政权，为红军取得胜利指明了道路——长征。

　　一过于都河，毛泽东便开始坐担架长征。不过，这并不是因为他不习惯在乡间走路。红军的领导人中大概没有谁比他在中国的穷乡僻壤翻山越岭走过更多的路程。从孩提时起不论到哪里，他都是徒步行走。一个农民的孩子是没有其他交通工具的。在长沙师范学习期间，他与朋友肖瑜在六星期里步行周游了湘南的六个县。

　　他们沿路乞讨，这是肖瑜的主意。两人身无分文，衣衫褴褛，带着破伞和小包。装着笔记本和换洗内衣，他们靠农民、偶尔也靠城里人的施舍为生。

　　这次外出周游既是一次探险，也是一次考察。他们发现，依靠自己的机智和人们的慷慨可以生活下去。这时，毛泽东第一次开始用分析的眼光来研究农村。

　　这次与肖一道外出，在某种意义上来说是他 1927 年一、二月考察农民运动的预演。当时中国革命正风起云涌，共产党和国民党在蒋介石的旗帜下一同北伐。毛这时回到农村，开始进行历时五个星期，足迹遍及湖南五个县的旅行。正是在这一次旅行的基础上，他写下了著名的《湖南农民运动考察报告》，提出了他对农民运动的态度，报告了党的中央委员会，而中央委员会对此表示怀疑和反对。

　　毛预言："很短的时间内，将有几万万农民……起来，其势如暴风骤雨[①]，迅猛异常，无论什么大的力量都将压抑不住。"他写道："一切帝国主义、军阀、贪官污吏、土豪劣绅，都将被他们葬入坟墓。""站在他们的前头领导他们呢？还是站在他们的后头指手画脚地批评他们呢？还是站在他们的对面反对他们呢？每个中国人对于这三项都有选择的自由。……"

只能选择第一条道路，这在他的心目中是没有丝毫疑问的。"一切革命同志须知，"他说，"国民革命需要一个大的农村变动"，无须为"过分"问题担心。"革命不是请客吃饭。不是做文章，不是绘画绣花，不能那样雅致，那样从容不迫，文质彬彬，那样温良恭俭让。革命是暴动，是……暴烈的行动"。

基于这些调查的结果，毛泽东才坚定地高举起农民运动的旗帜。后来，他对埃德加·斯诺说，谁赢得农民就能赢得中国，解决了土地问题就能赢得农民。

毛泽东和肖瑜的旅行以及历时五个星期的农村调查，为日后的长征做了准备。从秋收起义开始，他就一直住在农村，有时骑马，有时步行。他身上的肌肉变得坚韧发达。可是目前他由于长期患疾病而身体虚弱。傅连璋用最好的奎宁[②]药，治好了他的病，但未能有效地使他恢复体力。傅大夫一直鼓励他多吃点东西。一天晚上，他给他带来一只烧鸡。但他说这是特殊化，一定要傅分吃了半只。

而这时和后来的相当一段时间里，他一直坐着担架赶路。担架是由两根坚韧的长竹竿和绳网组成的，既轻便，又有弹性，就像水手的网状吊床一样上下左右地晃荡。他那足有六英尺长的瘦高个儿，深深地陷在担架里，在睡觉时不会被晃出来，因此也没有必要绑在担架上。两名年轻力壮的战士抬着担架，把竹竿扛在肩上。竹竿很长，因此他们可以看清脚下的路——在羊肠小道上走路，这一点是十分重要的。

有的担架上盖着油布或油纸，这样，在细雨蒙蒙的山区，担架上的人就能免遭雨淋。毛泽东因此可以在雨中睡觉，而且常常如此。

---

① 暴风骤雨：又猛又急的大风雨。比喻声势浩大，发展急速而猛烈。

② 奎宁：俗称金鸡纳霜，是指由茜草科植物金鸡纳树及其同属植物的树皮中提取合成的一种重要的抗疟药品。

差不多所有坐担架的都是共产党的高级领导人。周恩来的夫人邓颖超那时患了肺病，不时地吐血，长征的大部分时间她也是在担架上度过的。

1984年，身任中国共产党总书记的胡耀邦在1934年是青年团的领导人。长征开始后三天，他便患了疟疾，一个多月才康复。他说自己能够活下来应归功于担架和良好的医疗。

有意思的是，担架变成讨论政治的舞台，为毛泽东重新掌权、领导长征免遭覆灭铺平了道路。

这些谈话就在毛泽东和曾在旧金山当过编辑的洛甫，以及伤口未愈的政治局候补委员、关键的"布尔什维克"王稼祥之间进行。王稼祥在整个长征途中都由担架抬着。长征初期，他与毛泽东形影不离，晚上一起宿营，谈呀，谈呀，谈个没完。王平时沉默寡言，酷爱看书。和毛泽东一样，他也出身于一个富裕农民家庭。他的父亲想让他接管家业，但他却执意要上学，结果到上海，进了进步的上海大学。他参加了激进的青年运动，并于1925年前往莫斯科。他不能算在所谓的"二十八个半布尔什维克"之内，但他支持过他们的观点。

王稼祥长得瘦削。他受伤前就瘦，受伤后更瘦，一辈子都瘦。他的夫人朱仲丽形容说，他的脸略呈方形，前额显得较宽。他善于演讲，虽不像毛那样质朴，但也不乏幽默感。他最喜欢中国古典小说《红楼梦》，不过他什么书都读。从俄国回来后，他特别喜欢高尔基和托尔斯泰的著作。

在担架上和篝火旁的朝夕相处，使毛泽东和王稼祥互相越来越了解，并有机会分析在江西所发生的事情，以及长征途中的情况。毛谈到战术上的错误，特别是导致广昌惨败的错误。他的论点给王稼祥留下了深刻的印象。不到一个月的时间，王便倒向了毛的一边。后来，毛泽东认为在击败李德和博古的斗争中，他起了最重要的作用。

洛甫几个月来一直在向毛泽东靠拢。他们夏天在云石山上的多次谈话已使洛甫相信毛是正确的。四月在广昌遭到失败后，洛甫就曾严厉地批评过博古。他说伤亡太大，对于红军来说，打步步为营的堡垒战是不明智的。他指出，照这样下去，红军不可能取得胜利。

李德不懂中文，因而听不懂他们的讨论。但他猜到了大意，劝解这两人说："你们两人都是从苏联回来的，你们必须齐心协力，中国革命需要你们齐心协力。"

李德的劝说没有奏效。洛甫和博古等人愈来愈疏远了。他发表了一篇文章，说他们不能光打蒋介石，还要同"左倾机会主义"和片面维护苏联的观点进行斗争，矛头是指向博古和李德的。

毛泽东、洛甫和王稼祥不久便取得一致意见，他们都认为应尽早要求召开会议，以解决军事领导权的问题。事情发展到这一地步，李德和博古注定要失败了。

李德对于担架上的"阴谋"一无所知。但是他知道毛正在同别人谈话，而且也知道这对于他的事业没有好处。在回忆录中，他抱怨毛泽东四处活动，一会儿找这个指挥员谈，一会儿又找那个指挥员谈，引来了对博古和他本人越来越多的批评。

毛泽东、洛甫和王稼祥三人被称为"核心小组"，或者用李德的话来说是"三人核心"。不管叫它什么名称，这三人正渐渐地夺取着长征的领导权。

【思考探究】

一、担架上的"阴谋"指的是什么？

明确：所谓的"阴谋"，实际上反映了以毛泽东为代表的正确路线被逐渐接受和认可的过程，对党和红军来说至关重要。

二、谈谈你是如何理解题目中的"阴谋"的。

明确："阴谋"本为贬义词，然而在本文中却没有一点贬低之意，是革命领导人毛泽东智慧的体现，担架上的"阴谋"是指担架变成讨论政治的舞台，为毛泽东、张闻天（洛甫）、王稼祥提供了一起交流意见的很好机会。毛泽东向他们分析了博古、李德在军事指挥上的错误，阐述了马列主义普遍原理必须与中国革命实际相结合的道理，使他们明辨了是非，转变了立场，开始积极支持毛泽东的正确主张。担架上的谋划让毛泽东重新掌握了政权，为红军取得胜利指明了道路——长征。

25　大雪山

哈里森·索尔兹伯里

【阅读提示】

　　1935 年 6 月 8 日红军突破敌人芦山、宝兴防线，随后翻越了长征路上第一座大雪山：夹金山。夹金山被当地人称为"神仙山"，这座山连鸟儿都飞不过去。起初，爬山还很顺利，越往上风雪越大，经过数月的行军，粮食不足，人也筋疲力尽，有的士兵在冰上摔倒了，就再也没起来。6 月 12 日，经过艰难的跋涉，中央红军先头部队终于翻过几座大雪山，与红四方面军先头部队胜利会师。两大主力会师后总兵力达 10 万余人，士气顿时高涨。

　　在中国，人们敬畏雪山，也迷信雪山。当地居民称夹金山为仙姑山。他们告诉红军，只有仙女才能飞过此山。如果到了山顶把嘴张开，山神就会使你窒息①。一位长征过的老战士记得有人告诉他在山上讲话要低声，因为氧气太少了，一句话，夹金山是座魔山，鸟都飞不过去，人最好对它敬而远之②。

　　红军长征来到仙姑山脚下时，已经过了八个月的跋涉。许多人已经打了三四年或更长时间的仗。对他们来说每天的生活都很艰难，却又使人感到踏实，因为毕竟没有国民党追兵的威胁了。

　　1984 年六十五岁的老红军、医生戴正启说，他熟悉红军生活的每一步每一个细节，他闭上眼睛也能把红军长征的生活述说一遍。1934 年开始长征时，他才十五岁，是一个宣传员，不久就改作了卫生员，现在是政府的一名高级卫生干部。他说，像他这样的普通战士，长征中走的路要比地图上标出的红军在一年中从江西走到陕北的两万五千里路多得多。他们常常一口气走八十到一百六十里，忽上忽下，忽前忽后，走的完全不是直线。许多卫生员为了照料伤病员和垂危病人，三次

---

① 窒息：是指喉或气管的骤然梗阻，造成吸气性呼吸困难，如抢救不及时很快发生低氧、高碳酸血症和脑损伤，最后导致心动过缓、心搏骤停而死亡。

② 敬而远之：敬，尊重；远，不接近；之，代词，指对象。表示尊敬却有所顾虑不愿接近。

甚至四次越过大雪山。对许多人来说，征途长达三万至四万里。

他说，哨音一响，一天的生活就算开始了。一般是清晨六时吹哨，但也常常五时或四时吹哨。起床后用十五分钟时间整理行装，归还借来搭床铺的木板、门板和稻草。再用十五分钟洗脸、刷牙（遗憾的是，并非所有的战士都刷牙）、吃早饭（半磅米饭，有时是红薯）、领干粮、整队。有时先头部队领完干粮，米桶就见底了，其他人什么也领不到了。

戴正启在当宣传员时，身上背着背包、挎包，腰里别着手枪，手上拎着一桶贴标语用的糨糊。他当了卫生员后，就背起了药箱，里面装着凡士林、碘酒、石炭酸、阿司匹林、绷带和脱脂棉。

每人负重约二十五磅。早晨出发前告诉大家当天的路程。白天休息两次：上午休息一次十分钟，午饭时间二十分钟。没有午睡。如果遇到敌机空袭，大家就都可以乘机休息一下。趴在路边，等候哨音再一次吹响。

翻越夹金山前，向所有的战士简单地介绍了高山、冰雪及严寒对健康的危害，要求他们用布条遮一下眼睛，防止雪盲；要求他们稳步前进，不要在高处停留；要求他们在出发前吃饱吃好，穿上厚衣服（大多数人只有补了又补的单军装）。可是，山脚下还是酷暑天气，开始爬了不多一会儿，就大汗淋漓了。

宣传员把注意事项编成便于记忆的顺口溜，教战士唱诵：

夹金山，高又高，

注意事项要记牢。

裹脚要用布和棕，

不紧不松好好包。

到了山顶莫停留，

坚持一下就胜利了。

病人走不起，

帮他背东西。

大家互助想办法，

一定帮他过山去。

曾当过外交部部长，现在任国务委员的姬鹏飞翻越大雪山时是中央卫生委员会的一名成员，1984年见到我们时，他已七十四岁，头发花白，身材相当高，年轻时体格更健壮。他告诉我们，爬夹金山时，遇到的一个问题是，由于坡度不大，终年积雪的山顶看起来似乎就在眼前，实际上山脚的海拔就已相当高，结果造成大家对高度的错觉。虽然几个月来的行军和缺粮已使大家十分疲乏，开始爬雪山倒似乎很顺利，可是，没多久，进入了一个冰雪世界。眼睛突然看不见了。山上没有路，踩在冰上滑倒了，挣扎着往前爬，却没有气力。但谁也没有想到会死，也不知道海拔一万四千或一万五千英尺的高山上氧气如此稀薄。有的人挣扎着要站起来，结果却永远倒了下去。

卫生员见此情景立即意识到山顶不能停留，哪怕停一步都可能丧命，必须尽快翻过山顶，下到氧气较多的高度上去，不能休息，可实在是太糟了！肌肉麻木得好像不存在了，可是还得坚持走。一旦越过山顶，最好的办法是坐在冰上往下滑，反正没有路。不少人都这样滑了下去。有些人摔断了骨头，有些人不慎滑下了悬崖。尽管如此，这仍不失为最好的办法。

伤亡的大多是后勤人员，如担架员（当时还有抬担架的）和炊事员。

炊事员们不顾轻装的命令，坚持负重六十到八十磅，锅里还装着米和其他食品。三军团的炊事员在山顶停下来，为抢救病人做鲜姜辣椒汤。（毛曾告诉警卫员，爬山前要吃些生姜和辣椒。）炊事员坚持说："我们不能让任何人死在雪山上。"他们把热汤送给别人，两名炊事员却倒下了，再也没有醒过来。红军到达陕北时，这支部队牺牲了九名炊事员。

对于体弱和有伤的人来说，空气稀薄格外令人难受。据姬鹏飞回忆，当时几乎无法看护病人，唯一的办法就是把他们送下山，可是谁也没有气力这样做，往往还没有送到低处，他们就牺牲了。他们常常死在卫生员把他们从雪地上拉起来的时候。姬鹏飞说："牺牲的人很多，天气太冷，有些是冻死的，有些人根本喘不上气来。"

派了一些人沿途收容掉队的人。这些"掉队的人"往往是掩埋在雪下的尸体。由于海拔太高，水已无法烧开，火柴也很难划着。找不到柴火，看不见村庄，看不见人烟。翻山用了一整天。到了山的那一边后，海拔仍然很高。

水是个问题，无法把雪化开。战士们不得不刨开地表的冰雪取下面的雪解渴。无法修厕所，因为没有能在冰上和山石上挖茅坑的工具。冰天雪地里战士们还穿着草鞋。有些人找到破布把脚包了起来，大多数人没有包，四肢冻伤了。有些战士是光着脚翻过雪山的。大多数人穿着单军装。许多人得了雪盲症，不得不让人搀扶着下山。几天之后，他们的视力才逐渐恢复。

对危秀英来说，爬雪山和过草地是长征中最艰难的时刻。她说："过雪山后，我便不来月经了，所有的妇女都是如此。"

当时，年方二十岁的丁甘如随后卫部队五军团翻过雪山。他们到得最晚。他说："翻山前做了许多政治工作。"他指的是各部队的政委告诉战士爬山前要把衣服松开，以便于呼吸，走路要慢，但绝对不能停。他说："我们好像成了一群马上要被人领进公园的小学生。"爬到山顶后，下达的命令是："坐下来往下滑。"他们照办了，但有些同志掉下山去，再也见不着了。

1984 年，李一氓忙于文化交流。1935 年时，他是一个政委。他对长征中的几乎每一件事都有自己独特的看法，对大雪山也是如此。他认为翻雪山并不困难，相比之下，翻越五岭的最后一岭要难得多。他说："雪山不高，上山的路很好走，不陡。下山的路也不陡。"但他承认下山的路上全是冰，很滑，天气很冷。没有人烟，藏族牧民都吓跑了。

还有一些人觉得雪山没有什么了不起，钟伶就是其中之一。他1931 年参加红军时才十一岁。翻大雪山时刚满十六岁。1984 年，他已是个六十五岁的老医生了，但看上去还很年轻，鼻子上架着一副眼镜，上身穿一件浅蓝色衬衣，再配上灰色的裤子和袜子，完全是一副专家的模样。他在江西老家参加红军时还不够领枪的年龄。他在宣传队工作，负责往墙上刷标语。他家里很穷，一年中有四个月缺粮，不得不向地主借，欠下了永远还不清的债。

钟医生在长征途中是个卫生员。他说："当时我们是红小鬼，年纪轻，生命力旺盛，体力恢复得很快。我想得不多，只知道吃饭、睡觉、行军，从来不去想会有什么危险。我们坐在吹足气的猪皮筏上过河，我从未掉下去过。"

翻越雪山有种种困难，但钟医生一点也不在乎。他应该穿上暖和的衣服，但他没有。他只有一件汗衫和一件单布褂。当时是六月天气，可是夹金山上却下着雪。他穿的是草鞋，也没有裹绑腿，脚却没有冻坏。他从未感觉气短。有人交代他不许停，不许休息，要一口气走完。他就这样翻过了雪山，没有看到一个人死去。据他回忆，三军团医疗队中他所认识的人中没有人牺牲。

"请记住，"他强调说，"当时我还年轻，困难对我影响不大，想得也不多。"

党的总书记胡耀邦比钟伶只大一两岁，可他对翻雪山的回忆就没有那么轻松了。他记得看见了国民党的飞机。那些飞机飞不到红军所在的高度。"我们朝着飞行员大声喊:'上来,上来呀!'"他说。第二座雪山最要命,用了两天时间才翻过去。他们不得不在山坡上宿营,用毯子把自己裹起来,挤在一起取暖。他说:"我们年纪轻,挺过来了。"

总之,对于大多数红军战士来说,翻越雪山是长征开始以来最艰苦的一关。其艰苦程度超过湘江之战,超过翻越五岭,也超过四渡赤水。比起只有少数人参战的抢渡金沙江或飞夺泸定桥来更是艰苦得多。有些指挥员也病倒了。一军团年富力强的司令林彪在夹金山顶上几次失去知觉,靠了警卫员的帮助才翻过山去。红军情报局局长徐迪宁也是如此。据警卫员说,毛泽东也走得十分吃力。警卫员想去帮他,可他们自己也陷入了困境。毛未穿棉袄。他的棉布裤子和布鞋不久便湿透了。路上又遇到一阵冰雹,只好躲在油布下避一避。警卫员陈昌奉几乎晕倒,毛把他扶起来。而当毛停下来鼓励战士往前走时,又是陈设法帮助毛重新迈开步子的。

周恩来的警卫员魏国禄说长征中过雪山最困难。战士们手拉着手以防摔倒。山上不是下雾就是刮风,积雪常常从山头崩落。魏头晕目眩,浑身无力,走几步就得停下来喘一口气,越走越慢。起风了,魏看见自己的一个同乡倒了下去。还没等他走到跟前,那人就已停止了呼吸。战士们把尸体放在山缝里,用雪掩埋好。下午三点他们到达顶峰,开始下山。

下山后,周恩来频频咳嗽。他着了凉。这是一场大病的最初症状,这场大病几乎要了他的命。

四方面军派李先念去迎接一方面军。三十军政委李先念当时驻扎在理县(杂谷脑)。他带领他的第八十八师和九军第二十五师和二十七师一部于 6 月 8 日占领懋功(今小金),6 月 9 日占领下山必经之地达维。二十五师师长韩东山电告李先念,预计一方面军 6 月 10 日可以到达。李先念十分惊讶。他没想到会这么快,怀疑韩的报告不准确。他电示韩再核实一下,韩回电说:"情况准确,他们业已到达。"

情况是准确的。一方面军的先头部队已于 6 月 11 日翻过雪山,并于 6 月 12 日上午到了达维。这里距雪山不到二十五英里。当一方面军的侦察兵发现四方面军派出的部队后,一时敌友难辨,双方都打了枪,但无人伤亡。当吹响军号,双方便弄清了对方是谁。

一方面军的部队川流不息地开进达维。李先念急忙从懋功赶来。六月十四日，毛泽东、周恩来（仍在病中）、朱德、彭德怀、叶剑英、林彪等都下了山。李先念回忆说："当时有一种难以形容的欢乐气氛。人人兴高采烈。一方面军风尘仆仆①，看上去人困马乏，四方面军战士的身体情况比较起来好得多。"

【思考探究】

一、红军过雪山战胜了种种困难，体现了红军怎样的精神？

明确： 红军过雪山时候没有御寒的衣物，很多人冻死了，也有人失足坠下悬崖。如果一天无法翻越雪山，只能在雪山上过夜，很多人冻死在山上。红军战士面对过雪山的天寒、缺衣少食、缺氧、医疗条件极差等困难，随时都有生命的危险，红军并没有被困难吓倒而是坚定地走过了雪山，体现出红军不畏艰难、不怕困苦、不怕流血牺牲的革命英雄主义精神。

二、纪实文学作为一种文学样式，不仅要客观地反映事实，还要艺术地表达真实，请从下面三段文字中任选一例，分析作者是如何运用文学艺术手法来突出过雪山的艰险的？

（1）宣传员把注意事项编成便于记忆的顺口溜，教战士唱诵："夹金山，高又高，注意事项要记牢。裹脚要用布和棕，不紧不松好好包。到了山顶莫停留，坚持一下就胜利了。病人走不起，帮他背东西。大家互助想办法，一定帮他过山去。"

（2）虽然几个月来的行军和缺粮已使大家十分疲乏，开始爬雪山倒似乎很顺利，可是，没多久，进入了一个冰雪世界。眼睛突然看不见了。山上没有路，踩在冰上滑倒了，挣扎着往前爬，却没有气力。但谁也没有想到会死，也不知道海拔一万四千或一万五千英尺的高山上氧气如此稀薄。有的人挣扎着要站起来，结果却永远倒了下去。

（3）水是个问题，无法把雪化开。战士们不得不刨开地表的冰雪取下面的雪解渴。无法修厕所，因为没有能在冰上和山石上挖茅坑

---

① 风尘仆仆：风尘，指行旅，含有辛苦之意；仆仆，行路劳累的样子。形容旅途奔波，忙碌劳累。

的工具。冰天雪地里战士们还穿着草鞋。有些人找到破布把脚包了起来，大多数人没有包，四肢冻伤了。有些战士是光着脚翻过雪山的。大多数人穿着单军装。许多人得了雪盲症，不得不让人搀扶着下山。几天之后，他们的视力才逐渐恢复。

明确：

（1）通过宣传员口中的顺口溜进行侧面描写，写出了雪山的高、险，突出了过雪山的艰险。

（2）通过正面描写，写出了红军过雪山遇到缺粮、路滑、山高、缺氧等困难，突出了过雪山的艰险。

（3）通过正面描写，写出红军过雪山遇到缺水、缺衣、缺鞋、雪盲症等困难，突出了过雪山的艰险。

第六单元

★　★　★　★　★

单元说明

　　雪山，渺无人迹，险象环生。爬上去，翻过去，一次天地间的生死对话。草地，看上去绿波荡漾，岂料生死攸关。"雪山低头迎远客，草毯泥毡扎营盘。风雨侵衣骨更硬，野菜充饥志越坚。"

　　"官兵一致同甘苦，革命理想高于天。"长征是人类的一次伟大壮举，是中国革命成功的典范。它，印证了红军战士为革命不怕牺牲的誓言。漫漫征程，滚滚洪流，一支队伍，就是一个光荣的集体，同志加兄弟，中华儿女情。为了一个理想的实现，他们舍生忘死，他们浴血奋战，他们历尽艰辛，他们凤凰涅槃。

　　学习这几篇纪实类文章，一是要关注标题，标题应求实还要具有概括力和气魄；二是要学会用细腻的笔调来记录感人故事的方法。

26　魔草地

叶心瑜

【阅读提示】

　　路是那样的险，险得惊鬼泣神，战士们是怀着什么信念让他们的心中无所畏惧，一往无前的呢？

　　草地是茫茫无际的一片野草之地。草丛上面笼罩着阴森迷蒙的浓雾，不辨东南西北。草丛里河沟交错，积水泛滥，水呈黑色，散发出腐臭的气味。天与水都是黑的。在辽阔无边的草地上，简直找不到人们想象中的路，红军的指战员只能走在一片草茎和腐草结成的"泥潭"上。踩在上面，软绵绵的，忽闪闪的，用力过猛就会陷下去，拔不出腿。他们用血和汗总结出来的经验是：要选择草根较密的地方，小心翼翼地前进。如果没有见长草的地方，可千万别踩上，这些无草之地，不是平坦之道，而是无底深渊。人或马一旦踩上这无草之地，就是灭顶之灾。周围的人想救也无法救，只有眼睁睁地看着他一边挣扎一边慢慢地越陷越深，泥潭把人吞没之后又若无其事地恢复了原来的样子，等待着第二个上当者。草地虽平，但地势很高，空气之稀薄不亚于雪山。8月又是多雨的季节，草地上总是湿漉漉的。由于帐篷等不足，多数战士只得站着让雨淋，露营在草地之上。夜晚的寒冷，尤其令人难耐。就是睡在帐篷里面，如遇到瓢泼大雨，帐篷内也下着嘀嘀嗒嗒的小雨。草地瞬息万变的天气，比小孩的脸还变得快。忽然来一阵雨，世界就剩下眼前一片。雨后也不天晴。"雨后天晴"的俗语在草地上用不上。越往草地中心，越艰难。往往是每熬过一个饥寒交迫的夜晚，离开宿营地继续前进的时候，有的战士就长眠在这块"魔草地"上。

　　张国焘何曾想到，由于他延误战机，中央只好取消松潘战役计划，改道北上，要走这块前人没走过的艰险地；多少品质优秀、富有战斗经验的指战员，为其所害而长眠在这块草地上；活着离开草地的指战员，为想念长眠的战友，背多大的思想重担，迈出多么沉重的步伐，继续往前走！他们发出肺腑之言："安息吧！亲爱的好战友，你未竟的革命事业由我们来完成！"

【思考探究】

一、标题"魔草地"中的"魔"作者是通过哪些方面来展现的？

明确：笼罩着阴森迷蒙的浓雾，草丛里河沟交错，积水泛滥，人或马一旦踩上这无草之地，周围的人想救也无法救，只有眼睁睁地看着他一边挣扎一边慢慢地越陷越深，泥潭把人吞没。

二、文章字里行间都充溢着作者对战士们超乎想象的毅力和艰辛的赞美之情，理解下列句子中加点词语的含义，说说表达了作者怎样的感情？

1.踩在上面，软绵绵的，忽闪闪的，用力过猛就会陷下去，拔不开腿。

明确：写出了泥潭的凶险，体现了红军长征路上无比艰难以及对红军的崇敬。

2.周围的人想救也无法救，只有眼睁睁地看着他一边挣扎一边慢慢地越陷越深，泥潭把人吞没之后又若无其事地恢复了原来的样子，等待着第二个上当者。

明确：把泥潭拟人化，写出了泥潭是怎样吞噬红军的，突出泥潭就像魔鬼一样。表现作者对泥潭的憎恨。

3.往往是每熬过一个饥寒交迫的夜晚，离开宿营地继续前进的时候，有的战士就长眠在这块"魔草地"上。

明确：红军长征路上，红军战士身心无比煎熬，表现出他们坚强的意志和献身精神。

27 攻克天险腊子口

叶心瑜

【阅读提示】

腊子口是岷山山脉的一个重要隘口，隘口处的河上驾着一座木桥，横跨于两岸陡壁之上，是通过腊子口的唯一通路。阅读本篇课文，用心体会当年红军浴血奋战，攻打天险的壮烈情景。

腊子口乃一夫当关，万夫莫开的天堑。由康朵到腊子口，是一条长约二十里的深沟，中间流着腊子河，向南归入白龙江，为白龙江之主要支流。河两边夹着高耸入云的大山，两山长满树林，疏密相间。沿河仅有一条狭窄小路，蜿蜒崖际，行人不能成列。沿腊子沟两边向北延伸的山头，在腊子口仿佛合拢。在沟底仰望上去，山口只有三十米来宽，两边绝壁峭立，腊子河即从沟底流过，流速湍急，至此激荡而成漩涡，水深不能徒涉。在腊子口前沿两山之间横架着一座东西向的木桥，把两岸连接起来。要经过腊子口，非通过这座桥别无他路。桥东山脚林缘由鲁大昌部预筑的工事，山口内突出一块巨石，高宽约三四米，上面筑有碉堡。口子后边有三角形的一片谷地，鲁大昌部利用山坡亦筑有工事。他们用四挺重机枪排列在桥头堡内，封锁向木桥进攻的道路。山口内和口子后边的工事内都配备重兵把守，时刻处于战斗状态。这样的地形，难怪鲁大昌认为红军休想通过。

红四团接到命令后，他们的口号是："腊子口就是刀山，我们也要打上去；鲁大昌就是铁铸的，我们也要把他砸成粉末！""坚决拿下腊子口！"

爬山迂回的突击队由王开湘团长亲自率领，由贵州入伍的苗族小战士外号叫"云贵川"的"毛遂自荐"，说他有"飞崖走壁"的本领。在他带领下，赤着脚，腰缠用绑腿结成的长绳，手拿长竿，竿头绑了结实的钩子，用钩子钩住悬崖上的树根、崖缝、石嘴逐段上爬，爬上了崖顶。"云贵川"爬上一节就把长绳放下，后面的突击队员抓住长绳一个个地往上攀登。而敌人的碉堡没有顶盖，又把兵力集中在正面，两侧高山设防薄弱，山顶几乎没有敌人。鲁大昌部这样防守，是因为认为红军不可能爬悬崖而上，只有通过独木桥而过之故。爬山迂回部队成功到达顶点，居高临下，用手榴弹摧毁敌人的碉堡，配合正面进攻，压住腊子口那边的三角地带。

腊子口守敌被我两面夹攻所震慑，仓皇逃命。敌团长朱显荣丧魂落魄，一直逃到渭源躲藏起来。

号称天险的腊子口，终于在毛泽东等的亲自指挥下攻克了，红军北上抗日，进入甘南的门户打开了。

【思考探究】

一、号称天险的腊子口，终于在毛泽东等的亲自指挥下攻克了，攻克成功的主要原因是什么？

明确：爬山迂回到崖顶，居高临下，用手榴弹摧毁碉堡，配合正面进攻。

二、从文章中找出描写红军进攻时动作描写的句子，并分析人物形象。

明确：在他带领下，赤着脚，腰缠用绑腿结成的长绳，手拿长竿，竿头绑了结实的钩子，用钩子钩住悬崖上的树根、崖缝、石嘴，逐段上爬，爬上了崖顶。"云贵川"爬上一节就把长绳放下，后面的突击队员抓住长绳一个个地往上攀登。爬山迂回部队成功到达顶点，居高临下，用手榴弹摧毁敌人的碉堡，配合正面进攻，压住腊子口那边的三角地带。

通过对"云贵川"等红军爬崖的动作的描写，体现了他们爬崖技艺精湛，赞扬了他们英勇无畏、不怕牺牲的崇高精神。

28   鏖战独树镇

叶心瑜

【阅读提示】

独树镇战斗是红二十五军在战略转移途中一次极为险恶的战斗。红二十五军在地形平坦和气候恶劣的条件下，遭敌"追剿纵队"的前堵后追，能否击退敌人进攻，突出重围，不仅是战略转移成败的关键，而且关系到全军的生死存亡。

战斗一开始，险象环生，危机暗伏，使人想到如履薄冰。走在前面的二二四团，由于气候恶劣能见度低，未及时发现敌人；敌人向红军开火时，部队又在平坦地形行进，几乎完全暴露在敌人火力之下；气候寒冷，战士手被冻得拉不开枪栓，不能及时反击；零星打响的火力不能有效打击敌人；战士毫无思想准备，使有的指战员手忙脚乱，不知如何招架。上述一切，说明红军处境十分危险。敌军见此景状，立即发起冲锋，并从两翼向红军包围起来，妄图利用红军混乱的机会消灭红军。

形势十分危急的时刻，政委吴焕先从后面跑步到部队前面，一面指挥二二五团三连反击，一面高声呼喊："同志们，就地卧倒，坚决顶住敌人，决不后退。"在他的指挥下，红军很快稳住了阵脚。指战员趴在泥水里，活动手指，利用地形地物进行抗击。敌军并未停止冲锋，仍气势汹汹地猛扑过来。吴焕先见状，当即从交通员身上抽出一把大刀高呼："共产党员跟我来！"他冒着敌人密集的火力，带领部队反扑过去，与敌人展开了白刃战。刀枪格斗，杀声震天。红军反击为部队争取了短暂而宝贵的时间，使后续部队及时投入了战斗。但敌军攻势有增无减。正在危急之中，留下就地阻击敌军的二二三团在副军长徐海东率领下，跑步赶来，投入拼杀。这是一场殊死的战斗。红军临危不惧，浴血奋战，指挥员身先士卒，一次又一次把敌人顶回去，终于把敌人打垮了。接着组织二二三团向七里岗的敌人发起冲击，力图打开缺口，冲过公路。但三次冲击都被顶了回来。红军停止冲击，就地固守，与敌处于僵持状态。独树镇这一恶仗，红军伤亡一二百人。

天黑以后，风雨大作，又转为大雨，红军乘机撤到十里外的村子里躲雨休息。红军领导决定冒雨离开险境，部队立即出发。战士又忍着饥寒上路。在风、雨、雪交加的漆黑夜晚行军，摔跤是常事，红军几乎是在泥水里爬行，在地下党同志带领下，迂回曲折地穿过守敌空虚的地段。习惯在山地作战的指战员，顿时一片欢腾。

独树镇遭遇战，是红二十五军长征途中关系到红军生死存亡的一仗。全体指战员在军领导人的带领下，不畏强敌，英勇拼搏，终以顽强的战斗作风和大无畏的革命精神，挫败敌军的围追堵击，很快地进入伏牛山区。

【思考探究】

一、红军在处境十分危险，形势十分危急的时刻是采取怎样的战略挫败敌军的围追堵截的？

明确：政委吴焕先从后面跑步到部队前面亲自指挥，稳住了阵脚；利用地形地物进行抗击；吴焕先见状，抽刀带头和敌人展开白刃战；危急时，留下就地阻击敌军的二二三团在副军长徐海东率领下，跑步赶来，投入拼杀；接着组织二二三团向七里岗的敌人发起冲击，力图打开缺口，冲过公路；在风、雨、雪交加的漆黑夜晚行军，迂回曲折地穿过守敌空虚的地段。

二、习近平总书记在纪念红军长征胜利80周年大会重要讲话中，将红二十五军长征独树镇战斗称为"鏖战独树镇"，与血战湘江、四渡赤水、飞夺泸定桥等并列为长征著名战役战斗，请谈谈你对标题的理解。

明确："鏖战独树镇"的战役意义深远。"鏖战"是激烈地战斗的意思。更突出了红军英勇无比，敢战善战，扭转危局，冲出敌人合围的献身精神。

第七单元

★ ★ ★ ★ ★

单元说明

　　长征是什么？毫无疑问，在21世纪回首长征，我们应该从人类文明发展的角度去探寻中国历史上的这一重要事件。一个没有精神的人，是心灵荒凉的人。一个没有精神的民族，是前程黯淡的民族。精神的质量可以改变个人与世界的命运。长征是信念不朽的象征。长征永载人类史册。长征是中国贡献给世界的最壮丽的史诗。作为中国人，我们应该比世界上任何人都有理由读懂中国工农红军所进行的长征。读懂了长征，就会知道人类精神中的不屈与顽强是何等的伟大，就会知道生命为什么历经苦难与艰险依然能够拥有快乐和自信，就会知道当一个人把个体的命运和民族的命运联系起来时，天地将会多么广阔，生命将会何等光荣。

　　本单元《秋收起义》《十送红军》《路在何方》《横渡乌江》《橘子洲头》五篇文章选自王树增的长篇报告文学《长征》，记录了长征初期中国工农红军的艰难处境。

　　报告文学是一种在真人真事基础上塑造艺术形象，以文学手段及时反映现实生活的文学体裁。它具有新闻及时性、纪实性的特征；但它不同于一般的枯燥的历史记录，它具有文学性，它需要用艺术的手法加以表现，以达到传神的目的。

　　阅读时要注意：（1）明确报告文学与其他文体的区别；（2）必须联系特定的时代背景和社会环境；（3）关注典型事件及细节；（4）注意作者的评价性语言；（5）注意报告文学常用的表现方法。

29 秋收起义

王树增

【阅读提示】

1927 年 9 月 9 日，湘赣边界的秋收起义爆发了。秋收起义是根据党的八七会议精神，由毛泽东和湖南省委领导、组织的。为了保存和发展革命力量，毛泽东命令部队适时改变了攻打长沙夺取中心城市的计划，决定向敌人统治薄弱的农村进军。从此，中国革命开始走上农村包围城市、武装夺取政权的正确道路。这是中国革命战略的伟大转折。

这时候，在中国国土的中部，田野上的稻子熟了，秋收的时刻到了——秋收是中国农村中各类矛盾一触即发的时刻，因为无论收成如何甚至是无论有没有收成，农民们都要交租子了。熟悉中国农村生活状况的共产党人懂得，这是一个发动革命的大好时机。1927 年 8 月，中共湖南省委突然得知：准备参加南昌起义但没能准时赶到南昌的武汉国民政府警卫团，此刻正滞留在江西西北部的修水、铜鼓一带，而平江、浏阳等地的工农义勇队和安源煤矿的一部分工人武装也恰好聚集在这一带。中共湖南省委立即决定：利用这些武装力量，实施以长沙为中心，包括湘潭、宁乡、醴陵、浏阳、平江、岳阳、安源七个县镇的秋收起义。同时决定：起义以中国共产党的名义发动，任命毛泽东为前敌委员会书记。

8 月底，毛泽东到达安源。他找到那些武装起来的矿工和已经被共产党控制的矿警队，然后召集包括武汉国民政府警卫团副团长余洒度在内的起义领导人开会，正式成立了"工农革命军第一师"。第一师下辖三个团，任命余洒度为师长。但是，当这支刚刚成立的成分复杂的部队准备攻打长沙时，长沙卫戍司令部获得了情报。国民党军火速调动部队，宣布长沙全城戒严，开始大规模地捕杀共产党人。

毛泽东在前往铜鼓时，也被地方民团抓住了，当时他装扮成了安源煤矿的采购员。可以肯定地说，民团的兵丁根本没能把面前这个手拿雨伞、穿着长衫的人的真实身份搞清楚，不然他们不会在毛泽东掏出身上仅有的几十块银圆时，便那么迅速地把钱收下并随即决定放了他。但是，民团队队长反对放了毛泽东，他认定这是一个危险的共产党，坚持要把毛泽东带到民团团部执行枪决。面临死亡的毛泽东决定逃跑。在距离民团团部仅剩两百米的地方，毛泽东终于找到逃跑的机会，他一直跑到一个水塘边的茅草丛中藏了起来。民团的兵丁来回搜查，几次从他藏身的地方经过，但直到天黑下来也没发现他。毛泽东在民团兵丁放弃搜捕后开始赶路。雨伞早就丢了，脚上的鞋也不知去向，光脚赶路使毛泽东的脚肿痛得厉害，幸好他遇到了位农民。没人知道毛泽东对这位农民说了些什么，这位农民不但为毛泽东提供了食物和住处，第二天当毛泽东再次上路的时候，他身上居然已经有了钱。毛泽东花七元钱买了一双鞋、一把伞和一些干粮，最后安全到达铜鼓起义军的驻地。这是毛泽东一生中唯一的一次与死神迎面相遇却又绝处逢生。自1927年9月从湖南的那茅草丛中脱险后，毛泽东再也没有遇到过任何危及生命的危险，哪怕是被子弹或弹片轻微擦伤或者被炮弹掀起的土块石头碰一下，他是所有身经百战的共产党高级将领中唯一身上没有留下任何战争痕迹的人。

毛泽东领导的秋收起义就这样开始了，时间是1927年9月。

9月11日，秋收起义部队驻修水的一团、驻铜鼓的三团和驻安源的二团，分三路向平江、浏阳、萍乡推进准备会攻长沙。为此，毛泽东异常兴奋地写下了《西江月·秋收起义》：

> 军叫工农革命，旗号镰刀斧头。
>
> 修铜一带不停留，便向平浏直进。
>
> 地主重重压迫，农民个个同仇。
>
> 秋收时节暮云沉，霹雳一声暴动。

但是，一团到达修水与平江交界处的龙门镇后，余洒度收编的土匪邱国轩部突然叛变，掉转枪口袭击了一团的后卫，正面的国民党军趁机发起攻击，致使一团遭遇重创。二团在攻击萍乡不成后转攻醴陵，刚刚夺取县城便因敌人增援部队到达随即放弃。三团的进攻也屡屡受挫。在敌强我弱的形势下，毛泽东命令起义部队撤出战斗，到浏阳以东的文家市镇集结。在文家市镇，毛泽东主持召开前敌委员会会议，会上余洒度主张部队继续向长沙进攻，毛泽东则认为在革命处于低潮时攻打长沙这样的中心城市是不现实的，主张放弃原来的起义计划，转移到敌人力量薄弱的农村山区，以保存革命力量，求得队伍的发展壮大。毛泽东提出的具体路线是：沿罗霄山脉南下。

横跨湘赣边界的罗霄山脉，南北绵延四百公里，其主峰位于山脉中段，名为井冈山。秋收起义部队开始转移了，一路上不断地打遭遇战。9月20日，起义部队到达永新县一个名叫三湾的山村时，只剩下不足千人。毛泽东再次主持召开前委会，与朱德一样，他允许不愿意留下的离开。结果有两百多人选择了离开，剩下的七百多人中有后来成为中华人民共和国元帅的一团特务连党代表罗荣桓。毛泽东把剩余的官兵缩编为工农革命军第一军第一师第一团，不久，他带领这支队伍到达宁冈县城，与永新、宁冈两县的共产党组织接上头，并通过他们与占据着井冈山的一支农民武装领导人袁文才取得了联系。毛泽东送给袁文才一百支枪，袁文才安置了毛泽东部队里的伤员。

就在与袁文才会面的这一天，毛泽东认识了井冈山上的第一个女共产党员贺子珍。这位来自永新的革命者，一身干净的土布裤褂，由于正患疟疾面色苍白，但究竟正值青春因而修长的身材显得格外亭亭玉立。毛泽东用他特有的幽默语言称赞道："好哇，妹子十七八，军中一枝花。"不久，年仅十八岁的贺子珍便与三十四岁的毛泽东一起生活战斗在井冈山上。他们相濡以沫地度过了中国共产党和中国工农红军历史上最艰苦的岁月，包括充满艰难险阻的行程万里的长征，直到中国共产党和中国工农红军终于在西北获得一方得以休养生息的根据地。

井冈山，方圆二百七十五平方公里，五大隘口雄踞峡谷，一夫当关，万夫莫开。这里远离中心城市和交通要道，毛泽东很快便在这里建立起第一个红色政权——茶陵工农兵政府，二十五岁的谭震林被任命为政府主席。毛泽东的中国革命武装割据计划自此开始实施。晚年的时候，毛泽东曾向外国友人谈到1927年的往事，他说国民党如果不抓人杀人，我也不会去革命。""谁教我们打仗的呢？还是蒋介石。""没有军队，就闹不出什么名堂来。""中国的事，历来是有枪为大。"毛泽东正是因此提出了"枪杆子里面出政权"的著名论断。

【思考探究】

一、本文中毛泽东怎样逃过民团的兵丁来回搜查的？

明确：毛泽东跑到一个水塘边的茅草丛中藏了起来，一直从白天藏到晚上。

二、本文怎样塑造毛泽东形象的？试举例分析。

明确："面临死亡的毛泽东决定逃跑"写出了毛泽东面对困难和敌人追杀时的机智果敢。

"没人知道毛泽东对这位农民说了些什么，这位农民不但为毛泽东提供了食物和住处……"写出了毛泽东的聪明与智慧。

30　十送红军

王树增

【阅读提示】

镇巴县地处川陕交界，是"红军之乡"，是川陕革命根据地的重要组成部分。当年，在中国共产党和红四方面军的领导下，建立了县苏维埃政权，宣传土地革命，发动群众参军参战，南面支援红军前线战事，北面防御国民党的进攻，进行了英勇顽强、艰苦卓绝的斗争，留下了可歌可泣、震撼人心、光照日月的事迹。

此刻，于都河边的十个渡口同时拥挤着渡河的队伍。

当成千上万的涉水官兵同时踏进河水中时，于都河水顿时浑浊起来。

这是一个离别的时刻。

从下午起，红军官兵就开始打扫借宿的老乡家的院子，把水缸里挑满水，甚至还上山割了些草把房东家的牛喂了。百姓们知道红军要走了，妇女们聚集在一起把她们做的鞋和缝补好的衣袜送给红军；年纪大些的妇女拿着针线站在路边，发现哪个红军的衣服破了就匆忙上前缝几针；孩子们追着队伍往红军的口袋里塞上一把炒熟的豆子；另一些百姓聚集在路边，努力想在队伍中认出自己的孩子或者兄弟。

红一军团第二师四团政委杨成武，是闽西长汀县一个普通农民的儿子，因为在广昌战役中负伤，这个二十岁的团政委此时走路还有点不利索。不久前，他的一位同乡把他在红军部队的消息带回老家，他的父母在与儿子失去联系六年后得知儿子还活着。家里为此派出了一个包括他父亲在内的"代表团"来部队看他，"代表团"中还有他的堂嫂，因为他的堂哥也在这支部队里当连队的司务长。亲人们挑着装满炒米、草鞋、鸡蛋、红薯干、萝卜干、豆子、兔子和活鸡活鸭的担子从百里之外出发，居然找到了他的部队。那时，四团刚从阵地上撤下来休整，团长耿飚告诉他家里来人了，杨成武一出门就看见了摆了一院子的担子，还有站在角落里的父亲。父亲一认出他便蹲在地上哭了。杨成武十四岁背着父母参加革命，母亲因为不知道儿子去了哪里把眼泪都哭干了。四团的红军用丰盛的饭菜招待政委的亲人，但是那位当司务长的堂哥外出执行任务一直没能回来。三天过去了，部队要走了，亲人们也要走了，那位堂哥这时候回来了，这对夫妻仅仅见了一面便要分手，女人哭着就说了一句话："胜利了，就回来。"此刻，杨成武在送行的人群中发现了他的房东。这位六十多岁的老人把自己的三个儿子都送进了红军，其中有两个儿子已经牺牲，她这个时候来到于都河边定是想再看一眼她唯一还活着的儿子。于都河边挤满了红军，天色越来越暗，杨成武走到大娘身边，大娘一把抱住了他，塞给他一个白布包，布包里面是两个还热着的红薯。杨成武把红薯收下，说了句"我们很快就会回来"，然后带领部队上了于都河上的木桥。

四团团长耿飚在部队准备转移的时候开始打摆子发高烧，第二师师长陈光决定让他留下来养病。万分焦急的耿飚把卫生队队长姜齐贤找来，因为他的病是这个队长诊断并报告给师长的。耿飚的话很不客气："姜胡子，你搞的什么鬼名堂？"姜队长只好一再解释病是很危险的。可耿飚还是一个劲儿地骂。出发前，师长陈光和政委刘亚楼一起来看望他，耿飚坚决要求跟随部队转移，并表示他能顶得住。陈光和刘亚楼都不愿失去这个能带兵打仗的团长，耿飚在最后的时刻被批准转移了。

回到部队，耿飚发现他的房东一家总是躲在窗后偷偷地看他，而且还向警卫员询问他的情况。直到政委杨成武来检查准备工作，被这一家人请到屋子里，耿飚才知道原来房东家的儿子五年前参加红军，临走的前三天结了婚，但是一走就没了任何消息。耿飚住进房东家后，母亲觉得耿飚像那个失去消息的儿子，媳妇觉得耿飚像那个失去消息的丈夫。最后，在师政委刘亚楼的安排下，耿飚和这家人面对面地坐在了一起，结果耿飚一开口，浓重的湖南口音令房东一家大失所望。部队出发了，耿飚看见了在战斗中被炸伤眼睛的特务连谭排长正站在大路边摸索着与战友们道别。耿飚停下脚步，他不忍心走上去，但是谭排长已经摸了过来，当摸出是自己的团长时，谭排长哭了。耿飚说："谭伢子，莫要这样！我们十天半个月就回来！"谭排长知道团长这是在宽慰自己，他哭着说："团长！记住我是浏阳县的！"耿飚从口袋里掏出几块银圆，送给了照顾谭排长的老乡。当他走出去之后，再次回过头来时，看见谭排长正拼命地撕扯着蒙在眼睛上的纱布。耿飚说这一幕他一辈子都没忘，数十年后，那位眼睛蒙着纱布的红军排长还曾出现在他的梦境之中。

10月17日黄昏，共产国际军事顾问李德渡过于都河。临走的时候，他与项英单独谈了很长时间。根据李德的说法，项英在谈话中"对老苏区的斗争和前途是那么乐观，可是对共产党和红军的命运又是那么忧虑"。项英特别警告说，"不能忽视毛为反对党的最高领导而进行的派别斗争，毛暂时的克制不过是出于策略上的考虑"。他认为"毛可能依靠很有影响的、特别是军队中的领导干部，抓住时机在他们的帮助下把军队和党的领导权夺回来"。事后，李德就项英的忧虑与博古交换意见，博古说："党的政治总路线不存在任何分歧了，军事问题上的不同意见随着红军已经转入了移动作战，这个问题也消除了。"

1934年10月18日下午5时，毛泽东来到于都县城北门与军委的队伍会合。毛泽东的随身物品不多，只有一袋书、一把雨伞、两条毯子和一块旧油布。他甩着胳膊顺着于都河岸走着，已经有些凉意的秋风吹着他的长发。毛泽东很清楚，此一去，包括博古和李德在内，谁都无法预料中华苏维埃共和国和中国工农红军将要走向哪里。现在要紧的问题是，国民党军的飞机最好晚一些发现这支逶迤如长龙的队伍。那一天，走在于都河边的毛泽东并不知道，人类历史上一次惊心动魄的军事远征就要开始了，踏上征程的每一个红军都将成为一部前所未有的英雄史诗的主人公，不管他是新入伍的战士还是拥有军事指挥权的领导者。仿佛是为了证实这一点，在那个秋天的黄昏，毛泽东的身影很快就淹没在渡河的人流里，他匆忙的脚步声和上万红军官兵的脚步声混杂在一起，瞬间便融入夜色里。

月亮升起来了，又大又圆。

红军主力部队和挑着各种担子的民夫队同时通过于都河上的木桥，拥挤着的长长的人流望不到头也望不到尾。一个肩上挂个印花包袱的女红军，因为人流的阻挡无法过河，焦急中她突然看见了四团团长耿飚，于是像是看见救星似的大声喊着："耿猛子！我走不动呀！过不去河，怎么追上队伍呀？"耿飚刚刚接到中革军委作战局的命令，命令他的部队不得延误立即过河，要求其他人必须等待主力部队过完后才能使用木桥。耿飙在人流里高声喊："大姐！别着急！实在追不上，就等后卫部队吧！"

经过耿飙身边的一位红军战士这时问了一句："团长，看这个阵势……咱们这是要到哪里去呀？"

耿飙说："打敌人去！"

月亮被云彩遮住了，红军的队伍点起了火把。伴随着于都河溅起的水花，数万红军身后的苏区响起了流传至今的歌声：

一送 [里格] 红军，[介支个] 下了山，

秋风 [里格] 细雨，[介支个] 缠绵绵。

山上 [里格] 野鹿，声声哀号叫，

树树 [里格] 梧桐，叶呀叶落光，

问一声亲人，红军呀几时 [里格] 人马，[介支个] 再回山。

三送 [里格] 红军，[介支个] 到拿山，

山上 [里格] 苞谷，[介支个] 金灿灿。

苞谷种子 [介支个] 红军种，

苞谷棒棒咱们穷人掰。

紧紧拉着红军手，红军呀，

撒下的种子，[介支个] 红了天。

【思考探究】

一、请简要概括本文的主要情节？

明确：本文主要讲述了红军战略转移，于都河十个渡口处老百姓送别红军发生的几件事。房东一家误把耿飙认成参加红军一直没有消息的儿子；耿飙忍痛和谭排长告别；李德和项英谈论当前共产党的形势。

二、本文怎样塑造耿飙形象的？试举一例分析。

明确：耿飙是一个性格直爽、粗中有细、坚韧的红军战士。例如："耿飙从口袋里掏出几块银圆，送给了照顾谭排长的老乡"写出了他对谭排长的关心及他的细心。

31　路在何方

王树增

【阅读提示】

1934 年 10 月，第五次反围剿失败后，中央主力红军为摆脱国民党军队的包围追击，被迫实行战略性转移，退出中央根据地，进行长征。10 月 10 日夜间，中共中央和红军总部悄然从瑞金出发，率领红一、三、五、八、九军团连同后方机关共 8.6 万余人进行战略转移，向湘西进发，开始了悲壮的前途未卜的漫漫征程。

连日阴雨，山路泥泞而陡滑。红军规定每天必须行军七十里，于是早上就出发，要一直走到半夜才能到达指定的宿营地。阴雨中火把无法点燃，冰冷的雨点打在脸上，无法看清楚脚下的道路。前面的人滑倒了，连锁反应会引发大串人倒下。身上的水和路上的泥粘在一起，站起身来都很困难，机器与行李担子在民夫和红军战士的眼中几乎等同于灾难，由于负伤、掉队、牺牲等原因，负责搬运这些大箱子的人已经减少了三分之一，这给剩下的人造成了更加沉重的负担。上山艰难，下山更险，一不小心就会连人带担子一起滚下去。为了寻找可以顺利通行的路，各部队都找当地的农民做向导，向导们对这支庞大的军队和其所携带的庞大的行装感到十分惊讶与不解。在缓慢的行军中，极度的疲劳和困倦折磨着每一个人，红军官兵吃辣椒、咬手指，生怕自己一迷糊掉了队或者滑进山涧。更严重的是饥饿，深山里没有人烟，携带的干粮早已吃光，即使偶尔路过一个村镇，粮食也被先头部队买光了。于是就喝山涧里的水，但是很快就闹了肚子，收容队每天的收容量都在百人以上。大家在收容队里互相搀扶着走，那些根本走不动和已重病在身的人，只能在经过村镇时留给当地的百姓。在一个巨大的陡坡下，几个红军干部掉了眼泪，因为数十名战士用了整整一个晚上也无法将一个巨大的箱子搬上去。忽然，有人主张把箱子扔下，可是没有一个人肯下这个命令。天亮以后，干部动员战士们再做一次努力，他们弄来绳子，前边十几个人拉，后面十几个人推，一寸寸地向上挪，终于把大箱子挪上了陡坡。然而，这时候他们已经掉队了，因此只有不吃不喝不睡觉，抬着大木箱子赶了两个昼夜才追上大部队。

11月7日，中革军委发布红军主力部队通过"第三道封锁线"的行动电令。从电报中看，前方的敌情并不严重："九峰似有粤敌独三师一个团"，"乐昌似有独三师两个团"，"在汝城、宜章间没有正式部队"。湘军至少在预知的前进路线上"无大变动"。因此，电令要求"野战军于宜章北之良田及宜章东南之坪石之间通过"。然而，电报发出之后，军情骤然紧急起来：自从红军突破中央苏区的边界以后，粤军的一部就一直跟在中央红军的后面，保持着约一两天的路程，始终没有攻击的意思。按照广东军阀陈济棠的说法，跟在红军后面的粤军是为了"监视红军不得南下进入广东"。现在，中央红军的大部已于城口镇进入湖南南部，按理说后面的粤军应该回广东了。但是，不断有侦察情报报告，红军身后的粤军跟随的速度越来越快，眼看着就要追上红军了。为此，中革军委决定：担任后卫任务的第五军团停下来阻击粤军，阻击地点是延寿。追击红军的是粤军第二师和独立第二旅。其中，以第二师五团的追击最为积极，五团团长就是那个在仁化县城大骂黄国梁放走了"共匪"的陈树英。陈树英眼看着红军就要走出广东了，急切地想与红军打上一仗。八日，他接到了在"延寿附近发现红军后卫"的报告，报告里居然有"看样子他们很疲劳"的揣测，陈树英立即命令全团跑步前进——现有的史料无法提供这个粤军团长非要与红军作战不可的充足理由，在意识形态上、政治立场上，甚至在个人恩怨上，都有产生这种极度对立情绪的可能，但如果陈树英不是团长而是师长或者军长，这种情绪所导致的后果也许就会改变历史了。陈树英的先头营营长李友庄，执行团长的命令十分坚决，他带领官兵跑步翻过一座山脊后，在一条小河的对岸发现了红军部队。双方当即发生战斗。这些红军确实是担任后卫任务的红五军团的官兵。红军在高处，有小河作为屏障，加之他们的任务是后卫掩护，自然要据险死守。陈树英命令部队涉河发动强攻。战斗进行得十分激烈，举着望远镜的李营长的手腕被红军击中。他的副营长潘国吉带领部队继续向前冲锋，刚冲上一个山坡，突然发现山坳中至少有千人以上的红军正在集结。潘国吉急忙转身，发现跟上来的部队充其量只有一个排，他想撤退已经来不及了，陈树英的先头营瞬间成了红军的俘虏。

红军没有留恋战斗，迅速脱离战场向西走了。清理战场之后的陈树英不甘心，依旧主张迅速追击。果然，在继续追击的时候，他的部队再次与红军遭遇并立即展开攻击。这次攻击陈树英所在的粤军第二师全部上阵了。陈树英决心打个大胜仗，他站在粤军的冲击队形后，一个劲儿地催促着粤军士兵向前冲。仗一直打到后半夜，陈树英觉出了有点不对劲儿，第二师的官兵都说从猛烈的火力上判断无论如何都不像红军。于是进攻暂时停下来，派出人去观察，这才发现打了大半夜，打的竟是从另一条路追击红军而来的粤军第三师。这场粤军自己和自己的战斗，使两个师均损失惨重，后来陈济棠把所有这些损失都作为与红军作战的消耗报给蒋介石，要求委员长给予补充。

【思考探究】

选文中红军在行军过程中遇到的困难有哪些？

明确：天气环境极其恶劣，如"连日阴雨，山路泥泞而陡滑"；每天的行程远，如"每天必须行军七十里"；行程中行李担子重，如"机器与行李担子在民夫和红军战士的眼中几乎等同于灾难"；要忍受极度的饥饿，如"更严重的是饥饿，深山里没有人烟，携带的干粮早已吃光，即使偶尔路过一个村镇，粮食也被先头部队买光了"；行军过程中还有大量的伤员等。

32　横渡乌江

王树增

【阅读提示】

　　红军长征强渡乌江回龙场战斗遗址位于大乌江的中段，以回龙桥为中心，上至构皮滩，下到沙水湾，长约15公里，面积为28平方公里。是红军长征纪念和爱国主义教育的游览点。回龙场景区位于大乌江回龙渡口，两岸山势刀劈斧削，江水湍急，人称乌江天堑。有"横走天下路，难过乌江渡"的说法。1935年1月1日，中央红军从乌江南岸以仅有的一艘船强渡乌江，奋勇击溃了驻守北岸的侯之担部队，成功地渡过乌江，顺利地召开遵义会议，从而揭开了中国革命历史的新篇章。

　　1935年的第一天，雪后天晴。

　　在距猴场以南仅仅几十公里远的黔军指挥部马场坪，王家烈正在等待着一个人的到来，这是一个从前他最不愿见如今又不得不见的人。

　　黔军各路高级军官到齐，丰盛的宴会安排妥当，几大坛上等的茅台酒已经开封。等待的时候，王家烈依旧对如何应对目前的局面拿不定主意，其中最大的苦恼就是自己的部队很快就会在与红军的作战中耗损严重而无处补充。王家烈正没着没落的时候，薛岳的车队到了。

　　与薛岳一起到达马场坪的，还有国民党中央军第一纵队司令吴醄，第二纵队司令周浑元以及第十三师师长万耀煌。王家烈和薛岳相互寒暄，然后开始了谈话。出乎王家烈预料的是，关于黔军的补充，薛岳一口答应由中央军负责。军事问题谈完了，开始谈政治问题。薛岳悄悄地对王家烈说，你政治上的敌人是何敬之（何应钦），今后要对他采取远距离，应该走陈辞修（陈诚）的路线。军事和政治都谈完了，象征性地碰一下杯，然后中央军和黔军各自上路了。王家烈不知道，说是各自开拔，其实薛岳和他去的是同一个地方，那就是贵州首府贵阳。在来马场坪之前，薛岳专门给蒋介石发去一封电报，说他即将与王家烈会晤，请委员长明示"会晤要点"。蒋介石回电只强调了中央军进入贵州的主要任务："乘黔军新败之余，以急行军长驱进占贵阳。"

获悉这一"要点"之后，薛岳立即给王家烈和中央军各部队长官发出电报。在给王家烈的电报中，薛岳"拟请贵军主力速向瓮安、紫江（开阳县）一带截剿"。而在给中央军各部队长官的电报中，薛岳命令各军"迅速向西追剿，免匪窜犯贵阳，而保我中心城市"。限定了各军急促赶赴贵阳的时间后，薛岳特别强调："本路军部署，不得向友军宣泄，希遵办。"自江西、湖南一直紧跟着红军的国民党中央军刚一进入贵州就要直冲贵州军阀的老窝而去——在蒋介石的心中，把王家烈的贵阳占了，比把朱毛红军消灭更为紧迫。薛岳的电报生动地揭示出蒋介石的中央政府与中国各地地方军阀之间的奇怪关系。这种于 20 世纪 30 年代初形成的奇特政治关系在世界政治史中极其罕见，弄清了这种现象的由来和内幕，就不难解释为什么强大的国家军队就是无法制止一支并不强大的武装力量。就在王家烈和薛岳在马场坪碰杯的时候，红一军团第二师四团在偌大的国土上到处移动。红军官兵也正在乌江岸边碰杯。红军官兵端着的杯子或碗里是开水，开水在冰天雪地里冒着腾腾热气，红军官兵高兴地喊道："同志们！祝贺新年！"

之前，四团团长耿飚到达猴场，过年的兴致十分高涨，他亲手杀了一只鸡，还让警卫员去弄点红枣或桂圆什么的。他在连队转来转去，闻着饭锅里各种各样的香气，然后看看战士们正在准备什么节目。但是，香喷喷的饭还没有吃上，警卫员就通知说让他到师部去。耿飚在师部一直等到半夜，中央的会散了，军团长林彪亲自到了第二师师部，给四团下达了攻占乌江渡口的作战命令。

林彪说："要赶在敌人到达之前把渡口拿下来！"耿飚回到团里，让警卫员把年饭撤了，然后铺开地图开始研究，等把作战计划想明白，天已经亮了。

1935 年的第一天，耿飚带领一支侦察分队出发了。他们化装成贩运私盐的商人，踩着积雪向乌江疾行。在爬上一道峭壁后，耿飚听见了江水冲击岩壁的轰鸣声，但是看不清乌江的全貌，视野里全是一片飘荡的云雾。当地向导说，即使在晴天的时候，乌江也总是被大雾裹着。红军的侦察分队开了几枪，对面的大小火力即刻也开了火，四团的参谋们忙着记下敌人的火力点位置。这个名叫江界河的渡口对岸，只有黔军的一个连，由一个团长指挥着。重任在肩的耿飚立刻开始组织部队强攻，他命令官兵在渡口的正面大张旗鼓地砍竹子捆竹筏，然后一边大声喊叫一边扛着几根竹子来回奔跑。耿飚布下的阵势使对岸的黔军即刻乱作一团，大雾里传来的喊叫仿佛江对岸来了千军万马，而此时耿飚正躲在竹林里开始确定突击队队员的名单。首先报名的是三连连长毛振华，这是个身材高大的湖南青年农民，因为不满地主的盘剥参加了赤卫队。他曾给贺龙当过勤务兵，打起仗来勇猛而又机智。接下来报名的足有三十多个红军。耿飚最后确定由毛振华率领七个人首先强渡。都是会游水能打仗的老兵，八个人腰里插着驳壳枪，头上顶着一捆手榴弹，瞪着眼睛在耿飚面前站成一排。小雪变成了蒙蒙细雨，江风阴冷刺骨。在离渡口上游几百米的隐蔽处，耿飚一一端起了酒碗，八个老兵大口地喝下团长递过来的酒，然后纵身跳下乌江。四团所有的官兵都屏住呼吸看着他们，他们很快就消失在江雾中了，只能看见那条连接着他们的粗绳子被江水冲得犹如一条弯弓。对岸的黔军开始了射击，机枪、步枪和迫击炮一起朝着江面上打。突然，在一声剧烈的爆炸声响过之后，耿飚一下子感到粗绳子松了。观察哨兵："绳子被炮弹炸断了，他们被水冲跑了。"耿飚急了，一边让一营营长罗有保派人去下游组织营救，一边高喊："把竹筏抬过来！跟我上！"知道耿飚水性不好，警卫员一听团长的话，立刻把早已准备好的旧车胎掏出来开始用嘴吹，小红军不停地鼓着腮帮子，直吹得满脸通红。换口气的时候，小红军对耿飚说：团长，我跟你上！"官兵们正忙着给团长配备人力和火力，第二师师长陈光赶到了，他拉了耿飚一把："耿猛子，冷静点，抽袋烟再想想办法！"正抽烟的时候，罗有保营长回来了。跟在他身后的是毛振华和六个浑身湿漉漉的老兵，那名福建籍的尖刀战士没能从漩涡中游出来。

天黑了，在陈光师长的组织下，四团制定出一个新方案：用竹筏子强渡。这一次侦察连连长要求上，由于他的任务是架设浮桥，耿飚没有同意。突击队还是由毛振华带领。漆黑的夜色里，三只竹筏上坐满突击队队员，陈光和耿飚与他们一一握手，然后突击队开始向对岸奋力划去。不一会儿，由于一只筏子被江中的礁石撞烂，筏子上的队员游了回来。再等了一阵，又一只筏子上的几个队员也回来了，他们的筏子在湍急的江水中因无法控制被冲到了下游。然后就没有了消息。直等到下半夜，还是没有任何动静。对岸有火把不时地乱晃，不知道敌人在干什么。毛振华他们到哪里去了？天亮的时候，在乌江的另一个渡口边，红一军团第一师一团团长杨得志极为焦灼不安。一团是中央红军中革命资历最老的部队之一，与二团、四团、五团一样，其红色历史可以追溯到秋收起义后建立的工农革命军第一军第一师。接受了突击乌江回龙场渡口的任务后，杨得志率领部队在雨雪交加中赶到乌江边。红军刚一接近江岸，对面的黔军就开火了。杨得志和政委黎林急忙在渡口找船，但是找遍了附近的村庄，别说船，就连一根桨和一块像样的木板都已被黔军拿走。当地的老乡说："渡乌江向来要具备三个条件——大木船、大晴天和好船夫。"可这三个条件红军现在一条也不具备。杨得志和黎林在冷雨中额头上竟然出了汗。在这个方向，担任强渡任务的只有四团和一团，完不成任务如何向上级交代？如果让后面的敌人追击上来，红军不就面临绝境了吗？杨得志突然发现江面上漂着什么东西，仔细一看，是一根大毛竹。在乌江边山崖上的茂密竹林里，一团官兵们用了整整三个小时，才扎成一个宽一丈长两丈的巨大竹排。与四团一样，杨得志挑选了八名官兵首先强渡。但是，巨大的竹排还没到江心，就被湍急的江水冲翻了。竹排在急流中倾斜扣翻的那一刻，岸上的官兵们大声呼唤着八位战友的名字。红军的呼唤声和对岸敌人射来的枪声混合在一起，令杨得志热血偾张。再次强渡的时候，一营营长孙继先奉命挑选出一个突击队。突击队要离岸了，孙继先营长说："同志们，就是剩一个人，也要过去，无论如何咱们要过去！"竹排消失在黑暗的江面上。经过了焦急的等待后，一团官兵终于听见了来自对岸的两声枪响，两声之后又是两枪，这是孙营长的突击队已经到达对岸的信号。

红三军团第五师担负从乌江最险要的渡口茶山关强渡的任务。茶山关关口绝壁高耸，高出江面三百多米，关下的渡口为明崇祯年间设置，名叫茶山渡，其险峻有诗句为证："乌江无安渡，茶山尤险极。急流一线穿，绝壁千仞直。"在这里防守的是黔军侯之担部实力最强的五团和一个机炮营，由团长罗振武坐镇指挥。红三军团第五师集中了十三、十四和十五团三个团的侦察排，精兵强将在三个强渡地点同时跳入汹涌冰冷的江水中，红军准备用泅渡的方式强行攻击对岸黔军的阻击阵地。第五师在江岸上集中起十几门迫击炮和所有的轻重机枪向敌人猛烈射击，以掩护渡江突击队。在付出巨大的牺牲后，红军强行登上江岸，然后不顾一切地向黔军阵地扑过去。前沿阵地上的黔军被红军不畏生死的气势吓呆了，当泅渡上岸的红军在凛冽的寒风中湿淋淋地出现在他们面前的时候，心惊胆战的黔军士兵丢下枪掉头就跑。机炮营营长赵宪群从红军泅渡点的两侧拼命组织抵抗，但是，对岸已经又冲出数十只竹筏，乌江江面上一时间杀声震天。在激烈的交火中，赵宪群中弹而亡。与此同时，第五师工兵营在枪弹中开始用木排搭建浮桥，从浮桥伸出的两条粗大的绳索已经连接了两岸。

【思考探究】

一、本文中"小雪变成了蒙蒙细雨，江风阴冷刺骨"运用了什么描写？有何作用？

明确：运用环境描写，写出了渡乌江时天气情况恶劣，为下文耿飚带领老兵强渡乌江做铺垫，烘托了红军将士的英勇。

二、本文中横渡乌江需要具备哪些条件？红军横渡乌江将面对哪些困难？

明确：横渡乌江需要大木船、大晴天和好船夫。红军横渡乌江面对没有大木船，天气情况极其恶劣，江水汹涌而且冰冷，红军队伍里缺少水性好的红军等困难。

33 橘子洲头

王树增

【阅读提示】

少年毛泽东给父亲留下"孩儿立志出乡关，学不成名誓不还"的誓言，青年毛泽东站在湘江河畔写下了"问苍茫大地，谁主沉浮？"的拷问。1934年11月再渡湘江最关键的四天里，每一分每一秒对于被国民党围攻的红军官兵来讲都是生死考验。毛泽东深知，中国工农红军包括他自己已经走到了一个不是走向灭亡就是走向新生的关口。

毛泽东在文市边缘的旷野中徘徊，蓬乱的长发无法掩饰他忧郁的神情。这里的西面就是那条名叫湘江的大河了。湘江在毛泽东心中留有挥之不去的情愫，那是一条孕育了他生命的大河，是一条赋予了他浪漫情怀的大河：

独立寒秋，湘江北去，橘子洲头。

看万山红遍，层林尽染；

漫江碧透，百舸争流。

鹰击长空，鱼翔浅底，万类霜天竞自由。

怅寥廓，问苍茫大地，

谁主沉浮？

毛泽东知道，中国工农红军，包括他自己，已经走到了一个不是灭亡就是新生的关口。毫无疑问，毛泽东以其辉煌的人生成为二十世纪最伟大的中国人。他传奇般的革命史和异常丰富的心灵史交织在一起，成为当代中国乃至世界政治史中的一个热门话题，尽管这是已经四十一岁的毛泽东在广西北部那个名叫文市的小城中无论如何也不会想到的。

那一刻的毛泽东面色黑黄，消瘦憔悴，手指被劣质的烟草熏得乌黑——整整四十一年后，美国作家罗斯特里尔是这样描述他所见到的八十二岁的毛泽东的："黑头发下温和的面容，柔软的双手，炯炯逼人的目光，保持头部稳定的宽大的双耳，在没有皱纹、宽阔而苍白的脸上尤显突出的是下巴上的黑痣。""脸的上半部分显示他是一个知识分子：宽阔的前额，探索的眼睛，长长的头发。下半部分则表明他是个感觉论者：厚厚的嘴唇，高隆的鼻子，稚童般的圆圆的下巴。"

"在几十年的战争生涯中——这一战争摧毁了占人类五分之一人口的古老帝国，同时也使他家中四分之三的人以身许国——他却从未负过一次伤。""他活着。他以铲除所有的不平等让社会进入一个新时代为毕生使命，这位幸存下来的农家子弟看上去更像一位先祖而不是政治家。"——自20世纪20年代以后，无论是站在哪种政治立场上的人，都无法否定这样一个事实：离开了这个身躯高大、行动缓慢、面容慈祥的中国人，叙述中国社会生活的变迁史乃至世界政治风云变幻的脉络，几乎是不可能的。

这是一位性格和行为都十分独特的中国人。他欣赏由于消灭异己言论而受到非议的秦始皇，欣赏被称为"治世之能臣，乱世之奸雄"的曹操，欣赏转战半个中国与起义农民作战而成为"同治中兴"名将的曾国藩，欣赏共产党人陈独秀、李大钊以及至死也不宽容任何人的作家鲁迅。毛泽东常用"和尚打伞，无法无天"这句中国俗语来表明自己的个性，他说自己是一个"不会为戒律所困扰的人"。当和平的生活来临以后，他让自己吃饭、睡觉和工作的时间，与所有人的正常作息完全相反。"他善穷经据典，使来访者大惑不解，或以沉默静思使对方不知所措。"他写字不论铅笔、钢笔和毛笔，只看离手边最近的是什么笔，写出的字自成一体，恣意纵横，妙趣横生，同一张纸上最大的字和最小的字甚至能够相差十倍。他不屈服，不谄媚，不信邪，对任何强加给他的意志绝不苟同，"对任何事从不持中立或消极态度"。"他说自己既有虎气又有猴气。他的性格中冷峻无情的一面和幻想狂热的一面不断交替出现"。

准确地了解毛泽东所说的"虎气"和"猴气"的含义，不是容易的事情。在中国传统文化的范畴中，"虎气"意味着傲视群雄，独占一方，甚至是横扫一切如卷席。而"猴气"一说，似乎只有在中国古典小说《西游记》中可以找到来龙去脉。《西游记》里著名的孙悟空，这个从石头缝中蹦出来的猴子，居然能够成为标榜"中庸守礼"和"忠厚传家"的中国人的精神偶像，一直令西方学者大惑不解。这是一只以造反著称的猴子：我行我素，随心所欲；喜欢恶作剧，特别热衷于对权贵阶层和妖魔鬼怪嬉笑怒骂；对现实充满不平和怨恨，在自由理想的折磨下非常容易火冒三丈；不喜欢安宁和平静的日子，天下大乱、乾坤颠倒才能使它纵横驰骋；它刀枪不入，筋骨结实，至死也不嘴软，即使磨难重重也永远毫发无损；它的寿命几乎接近永恒，因此尽管世间沧海桑田，天荒地老，而它那张年轻顽皮的猴脸却恒久不变——至少在中国人的心目中，这是一个不但不需要任何私人财产，而且可以随心所欲占有天下财产的快乐的无产者，是一个哪一条清规戒律都拿它没有办法的独行者，是一个脱离了现实生活的压力、能将所有关于物质和精神的幻想轻易实现的魔幻大师，是手拿一根锄头把似的棍子便可以把一切不顺眼的东西包括眼前的这个世界砸个稀巴烂的人生楷模。而毛泽东对孙猴子的评价是："金猴奋起千钧棒，玉宇澄清万里埃。"

毛泽东，1893 年 12 月 26 日出生于湖南中部一个名叫韶山冲的村庄。这里之所以叫"韶山"，据说是因为上古时代一个皇帝曾经路过这里，且在这里演奏韶乐，引来了无数凤凰翩翩起舞。毛泽东的父亲毛贻昌十七岁当家理事的时候，毛家家境拮据，为了还债毛贻昌在湘军中当了几年兵。当兵的经历不但使他长了见识，还积累了一些钱财。毛贻昌回家之后买了点地，到毛泽东出生时，他不但已经拥有二十二亩地，每年至少可以收获八十余担稻谷，同时还做着贩运稻米和猪牛的生意。日子过得兴旺发达时，长子出生了，这令毛贻昌兴奋不已。他摆了几桌酒席，邀请同宗长者为长子取名。长者没费什么心思脱口而出：名泽东，字咏芝——后改为"润之"，改得极其恰当，因为"润"和"泽"的含义是相通的。无法猜测这位同宗长者的脑子里游荡的是什么，因为中国农民一向认为孩子的名字不能过于显赫，那样的话孩子容易受到各种鬼魅的嫉妒和攻击。"泽东"，"润泽东方"或者"恩泽东方"，这个气魄惊人的名字显然不是农家子弟能承受的。于是，母亲把他抱到一个用石块垒起的观音庙里，代替孩子给庙里的一块石头磕了头，并决定让自己的孩子认这块石头为"干娘"，同时给孩子取了个小名叫石伢子。母亲希望以此向鬼魅们声明，她的这个孩子只不过是一块普通的石头而已——没有人知道毛泽东的母亲是否读过《西游记》，因为神通广大的孙悟空出生于一块石头。

韶山冲里的那位农民兼小业主，很快就领教了儿子的"猴气"。

八岁就在学堂里与先生顶撞，原因是拒绝站着背书而要求和先生一样坐着。十岁干脆从学堂逃到县城，结果流浪了三天才被找回家。十三岁因为拒绝给父亲请来的朋友斟酒而与父亲发生冲突，父亲打过来，他站在一个水塘边宣布，如果父亲再往前一步他就跳下去——那个水塘在韶山的山脚下，水面上漂满碧绿的浮萍。十四岁父亲给他娶了个十八岁的媳妇，他拒不接受并且从没看过那个姑娘一眼。因为拒绝父亲让他到一家米店当学徒，父子又发生了激烈口角，毛泽东再次声明要离家出走，结果父亲同意他到邻县的一所新式学校去上学，并为他交纳了一千四百个铜板作为五个月的学费和住宿费。

从家里出发的时候，毛泽东写了一首诗夹在父亲的账本里：

孩儿立志出乡关，学不成名誓不还。

埋骨何须桑梓地，人生无处不青山。

诗的后两句是一个日本人写的，曾经刊登在《新青年》杂志上，显然毛泽东读过并且很受感动，于是一字不差地放进自己的诗中。而他自创的前两句诗，稚气十足且情绪悲壮，无法想象对于一个十六岁的农家少年来说"成名"到底意味着什么。毛泽东挎着母亲为他准备的粗布包袱，顺着乡间小路大步向前走去——这个懵懵懂懂的少年至少知道"埋骨"需要慷慨以赴。

新式学校使又瘦又高的毛泽东眼界大开，他知道光绪皇帝和慈禧太后两年前就死了，他对"华盛顿胜利了并且建立了他的国家"这句话印象深刻，他还喜欢听一个从日本留学回来的老师讲述日本的事情。当年那位老师对毛泽东吟唱的一首日本歌曲，五十年之后，当他孤独地坐在中南海中的大书房里时依旧可以哼出它的歌词：麻雀歌唱，夜莺跳舞，春天的绿色田野多可爱。石榴花红，杨柳叶绿，展现一幅新图画。

【思考探究】

请用文中的句子概括对毛泽东的评价。

明确："这是一位性格和行为都十分独特的中国人"是对毛泽东最精炼的评价。

第八单元

★　★　★　★　★

单元说明

《长征》是红军长征胜利八十多年以来，第一部用纪实的方式最全面地反映长征的文学作品。

作者王树增查阅了大量的史料，实地采访了许多老红军战士，在书中，作者弘扬了伟大的长征精神和不朽的信念力量。

红军在长征途中面对敌人的围追堵截、粮食奇缺、路途坎坷等恶劣环境，依然士气高昂，苦中作乐，笑对困难。为了驱赶疲劳、困乏，战士们在安全的路段或唱歌，或讲故事，或说笑话，以活跃气氛……

阅读本单元的文章，能够通过丰富的细节更加亲近地去接触长征的历史，弘扬红军战士不畏艰险、克服困难的乐观主义精神。

阅读本单元文章，能够学习作者用以小见大来折射出普通战士崇高精神的写作手法。

34　喜极而泣

王树增

【阅读提示】

红军以坚韧不拔的毅力，克服重重困难，翻越终年积雪、空气稀薄的大雪山——海拔 4000 多米的夹金山。红四方面军正分路西进，先头部队攻占懋功（今小金），一部前出达维。12 日，红一军先头部队和红四军一部在达维会师，这一重要时刻，令红军官兵喜极而泣。

夹金山主峰海拔四千二百六十米。

当地的一位老者说，这座雪山是一座神山，如果事先不向神祷告，贸然上山是会受到惩罚的。

红军官兵们说，红军就是神仙。

年轻的红军官兵坚定而乐观地确信，在雪山前面不远的地方，他们一定能见到红四方面军的战友。两支红军部队一旦会合，革命目标就一定能够实现。

中央红军离开天全、芦山的那一天，中革军委命令红九军团再次脱离队伍独自向东佯装主力行军。而蒋介石接着就认定这支行进中的部队就是中央红军的主力，他无法想象中央红军会选择翻越大雪山——蒋介石知道毛泽东急于与徐向前的部队会合，但是他没有想到毛泽东的心情竟是如此急迫。

蒋介石飞抵成都，召开了川军高级将领会议。

之前，薛岳向蒋介石建议，中央军不要急于进川，因为四川境内此时已有十万红军，刘湘想保四川肯定是保不住了，四川早晚是中央军的，让刘湘先去与十万红军作战，这样正好可以彻底削弱川军的实力。薛岳甚至还建议把贵军也调入四川，这样不但可以减少中央军对贵州的守备负担，还可以让川、贵两省的军阀部队在与红军的作战中互相制约。薛岳告诉蒋介石，川军中目前普遍奉行刘文辉的"十六字方针"，即"只守不攻，尚稳不追，保存实力，避开野战"。蒋介石不禁怒火中烧。当时，四川军阀的部队已达到六个军、二十七个师、一百一十九个旅、三百四十个团，这一兵力已占当时全中国国民党军队总数的三分之一。四川全省一年财政收入约六千七百万元，而军费支出竟然就占了六千万元，即军费支出占整个财政收入的百分之九十。从这一比例上看，四川可谓"全民皆兵"，省内所有的经济活动只为养活军队。但是，中央红军进入四川后，接连突破了川军的金沙江、大渡河防线，致使国民党各军都对川军的战斗能力和政治忠诚产生了巨大怀疑。尽管川军第二十军军长杨森对薛岳说："虽然朱德当年曾在我手下干过，但我反共的立场是坚定的。"可是，他的部队却在天全、宝兴、芦山一线阻截中央红军的战斗中节节败退，致使蒋介石一再感慨"剿匪前途良堪浩叹"！

只是，蒋介石在成都会议上还是表现出了克制。他对川军高级将领们讲了很长的一段话，依旧是军事教官循循善诱的口吻——他喜欢国民党军的军官们永远称呼他为"校长"。蒋介石认为目前四川的情形，"若与三年以前的江西比较，实在是要好得多了"，唯独官兵们"对于作战最要紧的协同动作实在差一点"。现在，最重要的是必须"踞匪紧围"："我们一定要有得力的部队穷其所往，加紧追剿，使匪军不得稍舒喘息，亦不使他有一刻工夫得以停止下来，做他补充整理和诱胁民众的工作。如此，则残余的匪众久在疲困饥饿疾苦之中，便自然要一天一天减少下来，很容易被我们消灭。"蒋介石提醒川军将领一定要注意红军的战术："避重就轻，避实就虚，声东击西，以迂为直，专用一些诡谲飘忽的计术来欺骗我们。"而我们"总是因为疏忽大意，中了他的诡计而受了损失"。因此对付红军必须要"研究透彻，观察明确，就运用他的战术，来剿灭他"。蒋介石还要求川军仿照红军的训练方法，因为这种方法能够提高战斗力："他们最注意训练连排长，对于一般的匪兵，他们也都能因其所长而编为特种队伍，例如专门的观察手、射击手、冲锋队、侦探队等，施以专门的训练，用以担负各种特殊的任务。最近还选出长于游泳的官兵编为抢船队。诸如此类，总是按照实际的需要，使每个士兵都能发挥个人的特长，以增加整个的战斗力。"接下来，蒋介石讲的话就更不像是国军的"校长"了：

"他们每次经过大小战争之后，无论胜败，必定集合一般干部，详细讲论战役经过的情形，探求种种的缺点，讨论改进的办法，都

——记录下来，好叫大家改正。其实这本是行军作战必不可少的要务，我们以后要剿灭土匪，一定也要如此……土匪和我们打仗，每次伤亡之数，总是几百或者几千，为什么到现在还是打不完？他们为什么无论死伤怎么多，仍旧可以作战，甚至还敢来进攻我们呢？最大的一个原因，就是因为他们一点不放松时间，每次作战以后，立即住下来即刻整顿缩编，赶紧补充，唯其整顿补充来得快而且得法，所以每个单位的实力不减，士气不馁，兵心不动，战斗力始终能够维持……"

国民党军中军官吃空饷已成惯例。不仅仅是川军，各部队往往"只摆一个有名无实的空架子"，单位虽多而力量不够，甚至两团人还不能真正当一团的力量使用，结果是部队虽多，但"战斗力却一天一天地减少"。

蒋介石如此苦口婆心，不久之后就显出了他的真正目的。六月下旬，国民政府军事委员会委员长行营参谋团下达了缩编川军的命令。命令表明："竭全川之财，不克养全川之兵，且以兵越多饷越绌；饷越绌，则质越不良。不唯剿匪作战难期有效之进展，即军风纪，亦复不易维持。地方人民，既深感剥削骚扰之痛苦；恐各军长官，因多兵为累，亦将有不戢自焚之忧；一切地方善后，及省政财政之改革，更因此而无法实行。故为救国救川及各部队长官之自救计，舍立即厉行缩编，极力裁减军费外，实无其他善法。"因此，"现据刘总司令——湘——陈报，以各军缩减半数，非一蹴即能达到，拟请暂行缩裁三分之一；而由其所兼领之二十一军，率先奉行，身为之倡。各军长官，亦应彻底觉悟，切实办理，各以缩编三分之一为最低限度"。

由于要翻越雪山，红军必须把一些伤员和病号留下来。在政治工作人员与这些伤员和病号谈话的时候，彼此都流了泪。

对于大部分官兵都是南方人的中央红军来讲，即将翻越雪山比面临一场战斗更令他们心情紧张。从福建参军的小红军问十九岁的少共国际师师长萧华："师长，雪是什么样子？"萧华说："和面粉差不多，但是比面粉还白。"从江西参军的小红军接着问："雪是从天上掉下来的云吗？"萧华愣了一下，认真地看看这个江西小老表，说："你这个问题问得很有文化。"在与当地老乡的交谈中，红军官兵对有关雪山的一切譬如雪崩、寒冷、缺氧有了初步的了解。年长的老乡说："如果你们一定要过的话，早晨和黄昏是一定不行的。要过，必须在上午九时以后、下午三时以前，而且要多穿衣服，带上烈酒、辣椒，好御寒、壮气，最好手里再拄根拐棍。"

部队着手准备粮食、御寒的衣服和辣椒。但是，大雪山下人烟稀少，烈酒辣椒无法买到，御寒的衣服更是无从找寻。之前抢渡金沙江时闷热难挨，红军官兵大多是单衣单裤，有的还穿着短裤；后来为了快速向泸定桥奔袭，官兵们把多余的衣物全丢掉了。因此，杨成武政委说："看来，我们也只能穿着单衣去翻那座雪山了。"

1935 年 6 月 12 日早，前卫部队红一军团将仅有的两串辣椒煮成两大锅辣椒水，每个官兵一人一碗。喝完，上午九时，部队向着夹金山大雪山出发了。

四团的前卫是二营六连。在陡峭的雪路上，穿着单衣的红军官兵用刺刀在坚硬的冰面上挖出脚窝，后面的队伍踩着这些脚窝前进。由于行进得极其缓慢，没过多久，队伍便拉得很长很长。头顶上有人，脚底下也有人，山势越来越陡，空气逐渐稀薄，官兵们开始剧烈地喘息，雪面上反射的强光令他们睁不开眼睛。黄开湘团长建议鼓动一下，杨成武政委就站在一个雪坎上喊："同志们，老乡都说雪山是神仙山，只有神仙能过，如今我们上来了，岂不成了神仙！"阳光刹那间就不见了，狂风骤起，卷起漫天雪雾。冰雪在官兵们的脚步下发出令人心惊胆战的"嘎嘎"声，雪流撞击在冰岩上激起巨大的雪浪。接近山顶的时候，天空又下起了冰雹。跟随先头部队四团前进的萧华走着走着，发现雪窝里好像缩着一个人，仔细一看，是少共国际师一名十五岁的小战士。萧华摇摇晃晃地走过去，试图把小战士拉起来，可小战士说他再也走不动了。萧华在剧烈的喘息中命令他立即站起来，小战士依旧一动不动。萧华知道，如果一直坐在这里就等于是等着冻死。于是他掏出了手枪："从江西出来，咱们走了一万多里，那么多苦都过来了，你想死在这里吗？这里除了你没有别人，只有这座大雪山。站起来，不然我枪毙你！"小战士哭了起来。萧华叫来自己的马夫老刘，让他扶起小战士拉着马尾巴走。小战士站起来了，萧华说："记住，红军战士，不能掉队。"冰雹瞬间就停了，顶上又变成万里晴空。六连爬到了山顶上，跟着上来的萧华看见战士们正堆雪堆，雪堆里埋着牺牲的战友。其中一个战士刚喝了雪窝里的一口水就倒下了，还有一个战士抬头看太阳的时候一头栽倒在雪地上。萧华立即对他带领的宣传队做出三项规定：上山后不准四下张望，防止晕眩；山上雪窝里的积水不能喝，渴了可以吃雪；要低头走路，视线不能超过三米。下山的时候，萧华发现老刘的情绪不对，原来他负责照看的马滑进雪谷中不见了。萧华急忙问："那个拉马尾巴的战士呢？"老刘说："被三个战士扶着走了。"萧华于是安慰老刘说："那就好，只要过了雪山，山那边马多得很！"老刘还是痛苦："不光是马，还有吃的，打土豪时留下的罐头，咱们带了那么远都没舍得吃呢。"

对于经过了漫长征途的红军官兵来说，翻越夹金山大雪山是比任何残酷的战斗更为艰难的过程。远远地看，雪山并不是那么高，但是来自平原的他们显然对高海拔的威胁没有准备。他们预先想到了路滑、寒冷、疲惫和剧烈的喘息，但是绝大多数人都没有想到过死亡。

中央纵队中的女红军也是一身单衣。贺子珍和刘群先一起拉着马尾巴爬山。无论刘群先如何劝说，贺子珍都不肯骑在马上。她认为红军要走的路还很远，如果把马累死了，困难就更大了。一向身强力壮的担架队队员刘彩香实在太累了，她一头栽倒在雪地上，无论如何也爬不起来了。挣扎的时候她听见有人对她说话："小同志，快起来，这里是停不得的。"刘彩香抬头一看，是第三军团军团长彭德怀！她一鼓劲儿，居然一下子站了起来。彭德怀连声说："好，好，你很坚强。"

死亡最多的是担架员和炊事员。担架员的负重太大，他们因为不愿丢下那些在作战中负了伤的战友而直至自己累死。炊事员死亡的原因是因为违反了轻装的规定，他们在登山时的负重甚至超过了担架员。他们总是想多带些食物，以便日后别让官兵们饿着。他们无从估计雪山对自己有限体能的巨大消耗。

毛泽东在山脚下也喝了一碗辣椒汤，然后他拄着根木棍向大雪山出发了。毛泽东没有严重的不适。在喘得太剧烈的时候，他会停下来站片刻。毛泽东看着皑皑雪峰，对身边的人说："蒋介石认为红军不能从雪山上爬过去，咱们今天就是要创造出个奇迹来。"——毛泽东真正盼望的奇迹不只是翻越大雪山，而是中央红军与红四方面军的胜利会合。

四团已经开始下山了。

下到山脚的时候，一条深沟挡在路上，红军官兵沿沟寻找继续北进的路。就在这时候，沟口方向传来一声枪响。前卫二营营长曾庆林报告说："弄不清是什么队伍，喊话也听不清楚。"二营立即展开战斗队形，四连做好了出击准备。团长黄开湘和政委杨成武在望远镜里观察，发现前面竟然出现一个小村庄，村庄的四周影影绰绰地有不少人在走动，这些人都背着枪，头上戴着大檐帽。

这样的装扮黄开湘和杨成武以前从未见过。

司号员用号声联络，对方用号声回答了，但是双方都没听懂是什么意思。

四团派出三个侦察员摸上去。

主力部队则以战斗队形缓慢前进，一点点地向对方靠近。

一阵风把对方的喊声又送了过来，但是声音微弱得还是听不清楚。

四团官兵沉默着，继续向前摸索。

对面的声音越来越清晰了："我们是红军……"

四团是整个中央红军的前卫，前卫的前边怎么会有红军？

没有人跟四团的红军官兵说过红四方面军会出现在夹金山的北麓。但是，就在这个时候，派出的三个侦察员飞奔而来，一边奔跑一边高声叫喊："是红四方面军！是红四方面军！"

黄开湘和杨成武终于听清了来自前面那个雪山脚下的小村庄的叫喊："我们是红四方面军！我们是红四方面军！"

这一刻，中央红军和红四方面军的官兵永生难忘。

只是愣了片刻，两支队伍的红军官兵开始奔向对方，然后他们紧紧地抱在一起。

这是 1935 年 6 月 12 日中午时分，地点是夹金山北麓达维小镇以南一个名叫木城沟的藏族村庄。

那一刻，阳光下的雪山一片金黄，木城沟里的高山杜鹃迎风怒放。

……

从夹金山上下来的中央红军第一军团第二师四团，在大雪山北麓遇到的那支红四方面军的先头部队，应该就是红四方面第九军第二十五师七十四团三营。

三营为迎接中央红军付出了巨大的牺牲。在两军官兵终于会合的那一瞬间，他们仍没从众多战友牺牲的悲痛中解脱出来。这个营的红军官兵在很短的时间里经历了真正的悲喜交加。

这是中国革命史上难以形容的重要时刻。

在漫长而艰辛的跋涉作战中被反复设想、不断期待的时刻就这样出现了。

红军官兵用力敲打着锣鼓，努力地高喊口号。

他们经历了太多的艰险、太多的苦难、太多的残酷战斗以及太多的伤痛和牺牲，此时此刻，他们备感胜利所带来的欢乐。

红军官兵们哭了，他们的泪水被裹在大雨里令山川青翠。

流下喜极之泪的红军官兵无法知道，对于中国革命和中国红军来讲，一个更加危险的时刻正在来临。

在大雨中久候的毛泽东异常憔悴，他抻了抻已经湿透的灰色军衣，向着那匹白色的高头大马缓慢地迎了上去。

【思考探究】

一、快速阅读，说说红军翻越大雪山克服了哪些困难？

明确：大雪山位于四川省西部，海拔约 4500 米，终年积雪，空气稀薄，没有人烟，没有道路，天气变幻无常，时阴时晴，时雨时雪，时而冰雹骤降，时而狂风大作，红军以顽强的毅力克服了重重困难，翻越了被称为"神仙山"的大雪山。

二、仔细阅读，勾画出环境描写的句子，并说说其作用。

明确："冰雪在官兵们的脚步下发出令人心惊胆战的'嘎嘎'声，雪流撞击在冰岩上激起巨大的雪浪。接近山顶的时候，天空又下起了冰雹。"环境描写是为了渲染气候的恶劣，烘托红军战士克服困难的勇气和坚强的毅力。

35　黑暗时刻

王树增

【阅读提示】

毛泽东在以后的岁月里提及这段历史时，称之为他生命中"黑暗的时刻"。但是，毛泽东坚信"我们一定要胜利，我们一定能够胜利"。

1935 年 9 月 10 日，在中国工农红军的历史上，这是一个因危机四伏而紧张混乱的日子。

凌晨刮起了大风。

叶剑英携带着从机要组组长吕黎平那里要来的一份十万分之一的甘肃地图，牵着他的黑骡子，率领军委二局等直属单位以"打粮"为名向红三军团的驻地巴西出发了。在以后数十年的时间里，毛泽东多次提到叶剑英的贡献，他曾摸着自己的脑袋说："剑英同志在关键时候是立了大功的。如果没有他，就没有这个了。他救了党，救了红军，救了我们这些人。"

李维汉是中央组织部部长，张闻天交给他的任务是，天亮之前把中央机关的同志全部从班佑带到巴西。李维汉分别通知了凯丰、林伯渠和杨尚昆，让他们分别负责中央机关、政府机关和红军总政治部的行动。半夜里通知立即出发的时候，很多官兵不知道发生了什么事。凯丰低声说："不要问，不要打火把，不要出声，都跟我走。"李维汉一直站在路口，一一清点着从他面前走过的各单位的队伍，结果发现没有政府机关的人，于是赶紧跑回政府机关的驻地，发现他们还有大量的辎重需要捆扎。李维汉急了，要求把大东西统统丢掉，必须带走的全部放在马背上。

一直跟随红军大学行军的李德在这个时刻表示："我虽然同中央一直存在分歧，但在张国焘这个问题上，我拥护中央的主张。"他对红军大学党总支书记莫文骅说："中央决定北上，把你身边的人组织好，要密切注意李特，不要让他把队伍带走了！"红军大学是红一、四方面军会合后，由红四方面军的军事学校和红一方面军的干部团联合组成的，政委何畏和教育长李特都是张国焘的追随者。红一方面军干部团在红军大学中叫特科团，团长韦国清，政委宋任穷。干部团中的干部大多是红一方面军的，学员大多是红四方面军的。听说中央要强行北上，宋任穷向红军大学政治部主任刘少奇表示："中央要走一定要把特科团带走，否则我们就开小差去追中央，到时候可不要因为我们开小差开除我们的党籍。"

红军大学是凌晨三点接到出发命令的，命令由毛泽东和周恩来联合签发。宋任穷立即集合队伍，阐明了南下和北上的两条路线，说愿意北上的跟我们走，不愿意的就留下，结果红军大学全体人员都表示愿意北上。学员们出发的时候，政委何畏还是跑到陈昌浩那里，报告了中央红军已单独出发的消息。陈昌浩十分震惊。他不停地说："我们没有下命令，他们怎么走了？赶紧把他们叫回来！"陈昌浩派李特率领一队骑兵去追。李特很快就追上了红三军团。毛泽东走在红三军团十团的队伍里。李特质问毛泽东："总司令没有命令，你们为什么要走？"毛泽东表示，这是中央政治局决定的。中央认为北上是正确的，希望张国焘认清形势，率领左、右两路军跟进。一时想不通，过一段时间想通了再北进也可以，中央欢迎。希望以革命大局为重，有什么意见可以随时电商。李特再次转达了陈昌浩的命令，要求部队立即回去。毛泽东说："南下是没有出路的。南边敌人的力量很强大。再过一次草地，在天全、芦山建立根据地是很困难的。我相信，不出一年，我们一定会北上。我们前面走，给你们开路，欢迎你们后面跟上来。"

几乎所有的当事人在后来的回忆中都记述了毛泽东的这段话。

如果这些话确是毛泽东当时所说，那么毛泽东的话具有惊人的预见性——红四方面军再次北上恰好是在一年以后。

1935年9月10日夜，乌云密布，星月无光。从巴西到阿西仅仅二十里的路途，由于不允许点火把，在泥潭沼泽和灌木荆棘中，毛泽东和他率领的部队竟然走了六个小时。天亮时，国民党军的飞机来了，部队只好走进一座大山里。好容易遇到一个小村庄，红军弄到了很少的一点粮食，毛泽东和官兵们用水调了一点青稞面喝下去。第二天继续前进。这里距离俄界还有六十里的路程。红军走到了包座河边，沿着包座河向东北方向疾进，道路十分泥泞，一边是翻滚着浪花的河水，另一边是高耸的悬崖。走着走着，包座河水突然猛涨，淹没了河边的山路。红军中会游泳的奋力游着，不会的便往悬崖上爬去。

毛泽东带头跳进了冰冷的河水中。

当他游到水浅的地方，湿淋淋地站起来时，问身边的警卫员有没有可以充饥的东西。见警卫员没有吭声，毛泽东笑了一下。毛泽东与张国焘北上和南下之争，与其说是军事争论不如说是意志的对抗。

此刻，即使与红一军团会合，中央红军的这支部队也只剩了不到八千人。

第五军团（第五军）、第九军团（第三十二军），还有朱德和刘伯承，都还在张国焘那里。

毛泽东在以后的岁月里提及这段历史时，称之为他生命中"黑暗的时刻"。

在黑暗中行走的毛泽东强烈地意识到：一切需要从头开始。

但是，毛泽东坚信"我们一定要胜利，我们一定能够胜利"——从中华苏维埃共和国在瑞金成立，到1949年中华人民共和国成立，毛泽东对他的革命理想和政治信仰的执着与坚守无人可比。

漫长的夜晚过去了。

东方的云翳裂开一道巨大的缝隙，血色的云霞从缝隙中喷涌而出。

【思考探究】

为什么"毛泽东在以后的岁月里提及这段历史时，称之为他生命中'黑暗的时刻'"？仔细阅读，在文中画出相关的句子。

明确：如："好容易遇到一个小村庄，红军弄到了很少的一点粮食，毛泽东和官兵们用水调了一点青稞面喝下去。第二天继续前进。"又如："红军走到了包座河边，沿着包座河向东北方向疾进，道路十分泥泞，一边是翻滚着浪花的河水，另一边是高耸的悬崖。走着走着，包座河水突然猛涨，淹没了河边的山路。红军中会游泳的奋力游着，不会的便往悬崖上爬去。"

36 天高云淡

王树增

【阅读提示】

红军在经过通渭县的时候，百姓远远地站着，听红军快乐的笑声，又听红军唱流尽"最后一滴血"。百姓们感觉天地骤然间变得十分异样。

部队继续北上。

向通渭县前进的时候，毛泽东、林彪和彭德怀三人破例走在了红军队伍的前面。沿途围观的百姓们不断地问："又是徐老虎的队伍？"——一个月前红二十五军曾经路过这里。

通渭县城是一座古老的小城，城墙已经倒塌，城内几乎看不见一座砖瓦房，全是土房。除了主要街道上有几家店铺外，居民不多，大多是农户。这里的守敌早在红军到达前就弃城跑了。红军顺利入城，百姓见怪不怪，县城内生活如常。在通渭县城，来自中国南方的红军官兵第一次住进黄土窑洞，人人都感到十分新奇，因为睡在里面就不怕飞机轰炸了，而且还很暖和，因此红军官兵们都很喜欢这种"房子"。

先头部队被派往西兰公路侦察。

大部队在通渭县城里休息了两天。

这次，政治部又提出"大家吃好"的要求，于是各伙食单位的后勤人员再次忙碌起来。部队的大会餐被安排在县城边的河滩上。为了布置这个巨大的会场，工兵营花了一整天的时间搭起一个临时舞台，河滩上摆上了无数张桌子，四周张贴了五颜六色的标语，会场中央还竖起一根很高的旗杆，上面挂上了一面大红旗，沿着旗杆放射状地拉了绳索，绳索上面系着一面面小红旗。晚上六点以后，国民党的飞机就不会来了，各部队开始向会场聚集。各单位的后勤人员挑来各种菜肴，沿着河滩的桌子上摆满鸡、羊肉、牛肉、鸡蛋和各种新鲜的蔬菜。宣布开会后，全体唱《国际歌》，然后杨尚昆、邓发和叶剑英先后发表讲话。他们分别讲了北上抗日问题、陕北根据地问题和打国民党军骑兵的战术问题，最后宣布会餐开始。各单位的官兵不断邀请兄弟单位的同志尝自己单位的菜，红军各级指挥员拿着筷子游行似的到处走，这里夹一下，那里吃一口，河滩上到处是红军官兵欢乐的笑声。

吃饱了，红军官兵们一起唱歌：

> 我们本是工农政府有力的柱石，
>
> 完成中国革命就是我们的天职；
>
> 为红区发展巩固大家努力吧！
>
> 英勇红军战士！
>
> 我们永远站在最前头，
>
> 流着最后一滴鲜血；
>
> 为着保卫我们根据地，
>
> 拼最后一滴血！

通渭县的百姓从来没见过这样一支队伍，也从没听过这么多人一起在夜空下放声唱歌。他们远远地站着，听红军快乐的笑声，又听红军唱流尽"最后一滴血"。百姓们都不吭声，感觉天地骤然间变得十分异样。

第二天，毛泽东、张闻天、周恩来、叶剑英、博古等人一起来到第一纵队一大队。大队长杨得志看到来了这么多首长，对参谋长耿飚说："首长都来了，咱们要好好招待一下。"耿飚说："汇报工作你负责，招待首长我负责！"

耿飚在通渭县城里找到一家西北风味的小饭馆，让饭馆老板立即按照每桌五块大洋的标准置办两桌酒席。表情异常惊讶的老板说："在这里无论如何也做不出这么多钱的菜。"耿飚把大洋拍在桌子上说："尽管把好东西都弄来！菜量要大！盘子要干净！酒要足！多放辣子！"

这是自红军长征以来，中央和军委的领导们第一次在饭馆聚餐。他们在通渭的这间简陋饭馆里一坐下，都没客气就开始大口吃肉大碗喝酒。吃了没多一会儿，毛泽东觉得分成两张桌子不热闹，就喊："合兵！合兵！"——当时红军内把两支部队的会合叫作"合兵"。于是大家七手八脚地把两张桌子合起来，然后再次举起了酒碗："为胜利到达陕北苏区干杯！"

不喜喝酒的毛泽东有些醉意了。他把辣子、酱油和醋抹在一块西瓜上，说这是"五味俱全"，然后大口吃起来，还热情地邀请大家也吃起来。

毛泽东一再邀请，张闻天尝了一口，连说："太辣，太辣。"

毛泽东说："吃辣子的人最革命嘛。"

……

天刚黑下来，红军的攻击突然开始。

一大队迅速从北面迂回，斜着插进村庄；五大队在南面截断了公路，向村庄的后面包抄过去；四大队从正面直接扑向村庄。正在吃晚饭的东北军还没反应过来，红军已经冲到了他们的饭碗边。战马都被拴在村边的树干上了，因此东北军仅仅抵抗了片刻就开始四处逃散。三连连长陈钟岳在官兵的掩护下骑马跑了；一连连长杨士荣不敢去牵马，钻进打麦场里的一个草垛藏起来；而一连和三连的其余官兵全部被红军俘虏。

战斗只进行了半个小时，缴获的物资让红军极其兴奋：十多辆马车上全是大箱子，里面是簇新的子弹、军装和布匹，这是西北"剿总"送来的，都还没有开箱。子弹被分给了红军各部队，军装也让不少官兵换上了新衣服，布匹全都给了伤员，让他们做衣服还可以包扎伤口。而两个骑兵连的上百匹战马，匹匹壮硕，这使红军不但有了足够的马匹驮物资，且各级指挥员和伤员们也都有了坐骑。就这样，还剩下不少马，毛泽东建议就此成立红军骑兵部队。于是，赶快动员俘虏中的马夫、马掌兵和兽医等"技术人员"参加红军。中央红军中的第一支骑兵部队在青石嘴诞生了，骑兵连第一任连长是那个不断给毛泽东送去"精神食粮"的梁兴初。

青石嘴战斗打消了红军对国民党军骑兵，特别是对强悍的东北军骑兵的惧怕。其实，在青石嘴附近，还驻扎着国民党第三十七军毛炳文部的一个师，这个师距离红军之近，甚至可以听见青石嘴方向的枪声，但是他们借口与东北军联络不上，竟在明知道前面不远的地方发生了战斗的时候，下令全师就地宿营。而骑兵第七师的二十团和二十一团也采取了旁观态度，直到枪声平息很久后才派人前去探听消息。探听消息的人小心翼翼地向青石嘴接近，路上遇到一位上了年纪的老头，老头对他们说："不用吓成这样，红军早就走了，把马都牵走了，队伍呼啦啦地过了很长时间，弄不清楚到底有多少人。"兄弟部队之间如此无情无义,这让遭到重创的十九团团长胡竞先火冒三丈,他先是大骂那些天天在红军头顶上飞来飞去的飞行员定是在天上梦游呢,然后又大骂逃回来的三连连长陈钟岳说仗打成这样还不如自杀死掉。

翻越了六盘山,意味着中央红军越过了长征路上的最后一座大山。

高天空旷,西风长啸的陕北已经遥遥可见。

红军的旗帜在西风中漫卷。

毛泽东的眼前天高云淡,大雁南飞。

【思考探究】

仔细阅读,说说文章是怎样表现"天高云淡"主题的。

明确: "天高云淡"的意思是天气晴朗,天空云少而高、轻薄而淡。在文中指红军在经过通渭县的时候,让老百姓欢欣鼓舞,用环境描写来突出文章主题。

37 北上北上

王树增

【阅读提示】

1936 年 1 月，红二方面军到达川西与红四方面军会师。张国焘在川西建立根据地的计划失败，被迫接受北上的建议。

甘孜是中国西部最荒僻的地区之一。

这里的藏人被称为"康巴人"。由于历史上备受清兵的袭扰和镇压，因此普遍存在着敌视汉人的心理。红军到达这里后，不进喇嘛寺庙，尊重藏民的风俗习惯，严格执行群众纪律，为贫苦藏民送粮治病，结果甘孜的藏民都管红军叫"新汉人"。对那些袭击红军的藏族土司武装，红军往往是出兵将他们三面围住，攻而不打，留出一面让他们逃走。这是方面军政委陈昌浩的主意。

红军还去甘孜县城北面的绒坝岔举行了一个阅兵式，为的是让那些土司看看红军的威风和力量。从绒坝岔回甘孜的路上，第三十军政委李先念遇到一位藏民骑着一匹黄马跑得飞快。李先念赶上去问藏民他这匹黄马换不换。藏民说："换呀，两匹小母马，换我这一匹。"李先念就让他在警卫班的马里挑，藏民挑了两匹马，乐呵呵地走了。李先念也笑了，他把这匹黄马给了军司号长，因为这个十八岁的小红军行军总是掉在后面。李先念原来以为他不会骑马，谁知小红军说："我会骑！可我的马不跑只走。"

红军的举动感动了甘孜白利寺的格达活佛，他不但把白利寺的一百三十四石青稞和二十二石豌豆送给红军，还动员白利乡的藏民帮助红军筹集羊毛、帐篷等北上物资。为了让藏民更加了解红军，格达活佛写下了可以传唱的诗歌：

> 云雨出现在天空，
> 红旗布满了大地。
> 未见如此细雨，
> 最后降遍大地。

啊！红军，红军！

今朝离去，何日再回？

幸福的大阳，

从高山上升起来了！

像乌云一样的痛苦，

被丢到山那边去了！

你不要以为山高，

有翻山的一匹骏马。

你不要以为没有人同情我们，

有搭救我们的恩人来了！

后来红军离开甘孜的时候，朱德亲自来到白利寺向格达活佛告别。朱德说："红军至多十年、十五年一定会回来的！"格达活佛在红军走后救治掩护了两百多名被留在甘孜的红军伤员。

尽管滞留在自然环境极其恶劣的地方，官兵们也不曾有过任何灰心与绝望，因为他们始终相信红军胜利的明天定会到来。红军忙着将羊毛捻成毛绳，再用毛绳织成衣服——"不久，全军服装都是各种颜色的毛织品，其中以白色最多"。红军组织了"野菜委员会"，在朱德的带领下漫山遍野地寻找可以吃的野草。红军官兵还在甘孜举办了体育比赛和文艺比赛。体育比赛的内容有：两百米赛跑，通过障碍，跳高，跳远等。文艺比赛的内容有：出墙报，团体唱歌，政治演讲——无论如何，1936 年春天来临的时候，缭绕在中国西部那片广袤而荒凉的土地上的歌声，是人间难以想象的充满希望的天籁之声。

5 月 5 日，红二、红六军团分成两路继续向北前进：红二军团偏西，沿着川藏边界走得荣、巴塘和白玉一线，然后从白玉东进，进入甘孜；红六军团走定乡、稻城、理化和瞻化一线，自南向北穿过甘孜地区的中部到达甘孜县城。从这两条路线上看，红二军团的路途更远更苦。

6 月 22 日，红六军团与前来接应的红四方面军第三十二军到达甘孜附近的普玉隆。红军总司令朱德特意从炉霍赶到普玉隆来迎接红六军团的官兵。

八天之后，6 月 30 日，红二军团到达甘孜北面的绒坝岔，与红军四方面军第三十军会合。朱德又从普玉隆赶往绒坝岔，迎接红二军团的官兵。

然后，朱德骑马十几里去甘孜附近的干海子迎接贺龙。远远地看见贺龙的时候，朱德勒马停住了，泪光闪闪。

1936年7月1日，中国工农红军第二、第六军团全部到达甘孜县。同一天，陕北发来贺电，"以无限的热忱"庆祝红四方面军与红二、红六军团胜利会师。并欢迎两军"继续英勇北进，北出陕甘与一方面军配合以至会合"。这是一封由林育英、张闻天、毛泽东、周恩来、博古、彭德怀、王稼祥、林彪等六十八人署名，并代表红一方面军、陕甘宁人民、苏维埃陕甘宁三省政府等十多个单位"联名致意"的贺电。

7月2日，在甘孜县，举行了庆祝红军两大主力胜利会师联欢大会。参加大会的部队"服装整齐，按高矮站，成四路纵队进入会场"。当年红六军团第十七师战士谭尚维回忆道："两支从未见过面的兄弟部队，经过了千难万险，穿过枪林弹雨，在最困难的时刻会师了。"朱德在会上讲了话。他虽然不像红二、红六军团官兵想象的那样高大，但是这位红军将领"挂着慈祥的微笑，衣着很朴素，上身穿着一件土制褐色毛布上衣，脚上是一双草鞋，十分平易近人，一切都和士兵一样"。朱德说："我们祝贺你们战胜了雪山，也欢迎你们来与四方面军会合。但是这里不是目的地，我们要继续北上。"联欢会上，红四方面军政治部剧团演出了歌曲《迎亲人》和舞蹈《红军舞》，这让刚刚历尽艰辛与牺牲的红二、红六军团官兵惊奇不已、兴奋不已。贺龙当即说："咱们也要搞一个剧团！"

只是，无论文艺演出多么美好，也无论会合后的心情多么喜悦，红军官兵明白，他们充满未知艰险的行军还远远没有结束。他们无法想象红军总司令朱德说的那个北方是什么样子——红四方面军官兵告诉红二、红六军团的兄弟，他们曾经走过的那条北上之路山险水急，还有一片处处隐藏着死亡陷阱的茫茫大草地。

【思考探究】

快速阅读，说说红二方面军和红四方面军会师时令人欢欣鼓舞的场景给你留下了哪些深刻的印象。

明确：在甘孜县，他们举行了庆祝红军两大主力胜利会师联欢大会。联欢会上，红四方面军政治部剧团演出了歌曲《迎亲人》和舞蹈《红军舞》，这让刚刚历尽艰辛与牺牲的红二、红六军团官兵惊奇不已、兴奋不已。

38 江山多娇

王树增

【阅读提示】

1936 年 10 月 9 日，红一、红四方面军在甘肃会宁会师。10 月 22 日，红一、红二方面军在甘肃将台堡（今属宁夏）会师。至此，红军长征胜利结束。

国民党军很快到达会宁城下。

10 月 20 日，会宁县城遭到国民党军飞机的疯狂轰炸。朱德和张国焘要离开这里去打拉池与彭德怀会合，因为林育英已经从保安出发赶往打拉池。临走时，朱德对徐向前说："渡河要抓紧，南面吃紧啦。"——中革军委已命令红四方面军第三十军西渡黄河，迅速控制黄河西岸，以保障红军主力顺利地进入河西走廊地带。

22 日，徐向前和陈昌浩率方面军总部撤离会宁。

国民党军的飞机不断地飞临会宁上空，在这片已经没有一座完整房屋的小城四周投下密集的炸弹，没有任何防空武器的红军被完全暴露在轰炸之下。这天黄昏，国民党军逼近会宁城。第五军在军长董振堂的率领下，开始了极其惨烈的会宁保卫战。战至 23 日凌晨，红军三千多人的部队伤亡已达八百多人。在南北两面城防都被国民党军突破后，第五军被迫放弃了会宁。

会宁的失守给正在西渡黄河的部队带来巨大威胁。如果让敌人从会宁继续向西推进，一旦占领了红军渡河的渡口，宁夏战役计划将被迫终止。在陈昌浩的严厉命令下，第五军在会宁城北再次建立起阻击阵地，徐向前迅速从两翼调动了两个团增援会宁。

黄水滔天，浊浪翻卷。

身后的敌情万分紧急。

24 日晚，已经西出靖远附近的红四方面军第三十军不顾一切开始强渡黄河。至 25 日晚，第三十军从虎豹口渡口全部渡过了黄河。

接着，第九军、第五军也开始了渡河。

国民党军立即调集飞机，对黄河渡口实施狂轰滥炸，同时从东、西、南三面快速调动兵力向黄河两岸压来。第四军奉命在会宁至靖远的大道上阻击向渡口扑来的国民党军。大道上没有利于阻击的地形，进攻的敌人兵力多于红军八倍。第四军军长陈再道和政委王宏坤分了工：陈再道指挥第十二师和第十一师的两个营以及骑兵大队，在大道以西面向兰州方向阻击敌人；王宏坤指挥第十师、独立师和第十一师的另一个营，在大道以东阻击从会宁来的胡宗南部。红军的阻击阵地失而复得，得而复失，残酷的拉锯战从早上一直打到黄昏，然后又从黄昏打到天亮，如此进行了三天三夜。第四天，国民党军逼近了黄河渡口，红军被分割在黄河两岸，敌机开始向河面上的渡船轰炸，合围而来的国民党军分成三路，正面突击左右迂回，开始了最后的攻击。第四军边打边撤，已经撤退到距黄河渡口仅十公里的地方，与准备渡河的第三十一军挤在了一起。王宏坤跑到第三十一军军部，见到了军长萧克和政委周纯全。王宏坤说："后面快守不住了，再往前就没有可以建立阻击阵地的地方了。敌人一突破，就没有办法了，你们赶快准备走吧！"正说着，炸弹落了下来。王宏坤在硝烟中回身又往阻击前沿跑，迎面与撤退下来的第十师师长余家寿碰了头。王宏坤说："三十一军没有准备，我们得回去坚持！不能撤！谁撤我枪毙谁！坚决执行纪律！"第四军依然艰难地坚持着阻击线。国民党军的飞机飞得很低，机枪子弹暴雨一样倾泻下来。为了给身后的第三十一军赢得渡河时间，第四军与敌人拼杀近四个小时，最后部队被冲击上来的敌人分割成了若干小部队。王宏坤不断地把身边的警卫人员派出去寻找联络，直到身边的人都派光了，指挥所里只剩下他一个人。最危险的时刻，独立师副师长李定灼带着一个营出现了，于是王宏坤指挥着这个营继续阻击。

晚上，国民党军占领了黄河渡口。

原来准备跟随第九军渡河的第三十一军没能西渡。

至30日，红四方面军被分隔在黄河东西两岸。

渡过黄河的部队有第五军、第九军、第三十军以及包括徐向前在内的方面军指挥部，共两万一千八百多人。

没有渡过黄河的部队是第四军、第三十一军。

11月8日，已经渡过黄河的部队奉中革军委命令组成西路军，"以在河西创立根据地，直接打通远方为任务"。从此，两万多红军官兵开始了万分艰苦的河西战斗。四个月之后，这支部队在国民党军的重兵包围中弹尽粮绝，红军官兵在突围中英勇不屈，大多牺牲在连绵起伏的祁连山下。第五军军长董振堂、政治部主任杨克明，第九军军长孙玉清、政委陈海松，均不幸牺牲。

至11月初，国民党军各路部队完全打通了增援宁夏的道路，并将红一、红二方面军与已经渡到黄河西岸的红四方面军主力完全隔断。宁夏战役计划"暂时已无执行之可能"。

红军必须回到陕北苏区去。

11月15日，甘肃东部，红一方面军已经移至豫旺堡以东地区，红二方面军到达环县西南地区，红四方面军的第四、第三十一军到达豫旺堡以东的萌城地区。而国民党军毛炳文部准备西渡黄河追击红军，王钧部因军长病逝到达同心城后便停止了推进，东北军王以哲部在胡宗南部的右翼向豫旺堡缓慢推进，只有胡宗南部兵分三路，孤军深入，在向豫旺堡方向展开围堵。

打击胡宗南的时机出现了。

11月15日，中革军委向红军总部下达指示，要求红军主力"应即在豫旺县城以东，向山城堡迅速靠近"，集结全部兵力，打破敌人的进攻——中国工农红军必须遏制国民党军的大举进攻，这样才能彻底结束移动的状态，才能获得一个相对稳固的陕北根据地，才能赢得长征的最后胜利。

17日，为了控制战略要点，胡宗南命令部队急促前进。第二天，红四方面军第四、第三十一军在萌城以西地区设伏，击溃胡宗南中路部队的第二旅，毙伤其团以下官兵六百多人。受到伏击后的胡宗南立即命令中路撤退休整，由第四十三师接替继续前进。18日，胡宗南右路部队的第七十八师丁德隆部向山城堡方向突进，红军等待的战机终于出现了。

......

山城堡战役是中国工农红军长征的最后一战。

1936年11月23日，中国工农红军第一、第二、第四方面军在山城堡集会，这是中国工农红军三个方面军的官兵经过了万里转战第一次相聚在一起。中国工农红军总司令朱德说："三大红军西北大会师，到山城堡战斗结束了长征。长征以我们胜利敌人失败而告终。我们要在陕甘苏区站稳脚跟，迎接全国抗日救亡运动的新高潮。"

山城堡战斗结束后，红军炊事员朱家胜挑着担子跟着部队往陕北走，因为战友牺牲了，他一个人担着的东西太多，渐渐地落在了队伍的最后。夜色沉寂，雪落无声。朱家胜踩着战友们在雪地上留下的脚印一直向前。天边出现了一抹淡红色的光亮，朱家胜看见了向他跑来的红军。红军接过他肩上的担子，扑打着他身上的雪花，往他手里塞了个热乎乎的洋芋。一位红军干部从背包里翻出一个蓝布小包，拿出里面的针线对他说："同志，到家了，补补吧。"红军干部一针一线地缝补朱家胜那件破得很难再补的衣服，那是他自 1934 年 12 月离开根据地后一直穿在身上的一件单衣。天边那片朦胧的亮色逐渐扩大，苍茫的河山骤然映入红军战士朱家胜流着泪的双眼——雪后初晴的黄土高原晨光满天，积雪覆盖下的万千沟壑从遥远的天边绵延起伏蜿蜒而来……

北国风光，

千里冰封，

万里雪飘。

望长城内外，

惟余莽莽；

大河上下，

顿失滔滔。

山舞银蛇，

原驰蜡象，

欲与天公试比高。

须晴日，

看红装素裹，

分外妖娆。

江山如此多娇，

引无数英雄竞折腰。

惜秦皇汉武，

略输文采；

唐宗宋祖，

稍逊风骚。

一代天骄，

成吉思汗，

只识弯弓射大雕。

俱往矣，

数风流人物，

还看今朝。

【思考探究】

一、快速阅读，说说长征胜利在历史上有何意义。

明确：红军长征的胜利，粉碎了国民党反动派消灭红军的企图，保留和锻炼了红军的精锐部队，使中国革命转危为安，创造了伟大的长征精神。

二、仔细阅读《沁园春·雪》，用简洁的语言概括这首词的主要内容。

明确：《沁园春·雪》是毛泽东创作的一首词。该词上片描写北国雪景，展现祖国山河的壮丽；下片引出英雄人物，抒发词人伟大的抱负。

第九单元

★ ★ ★ ★ ★

单元说明

　　"转折之城，会议之都"是一个不朽的传奇，而支撑这座城市传奇历史的，是红军在遵义的伟大经历。在历史长河中，这些经历犹如夜空中的繁星，总是那么光芒万丈。

　　阅读周总理的《党的历史教训》可以让我们了解党在挫折中不断成长的过程。阅读毛主席遵义会议期间的警卫员张耀祠的《毛主席站在板凳上即席讲话》，我们可以领略到毛主席杰出的演讲风采。阅读聂荣臻的《四渡赤水》，看开国元帅如何为我们还原四渡赤水出奇兵的战争场面。阅读莫休的《再占遵义城》可以让我们了解到红军战士在遵义期间的艰苦的生活和斗争。阅读杨得志《遵义城走出来的勇士们》，我们可以明白，正是当年那些穿着破破烂烂的红军勇士，面临敌人的围追堵截，在什么精神的指引下，创造了怎样的传奇，有何意义。

　　阅读这些文章，我们除了要厘清记叙的顺序，提取文章要点，还要深入文章去感受红军战士在遵义期间用鲜血和生命创造的不朽传奇，在红色基因的浸染中争做社会主义的合格接班人。

39　党的历史教训 ①

周恩来

【阅读提示】

在遵义会议前夕，毛主席做了哪些准备工作才在会议中获得了中央大部分同志的支持，取得了至关重要的领导地位。遵义会议，在惊涛骇浪中拨正了革命的航向，使中国革命转危为安，成为党和军队生死攸关的转折点。

长征初期红军搬家式的转移，再遇到国民党悍将白崇禧的阴险计谋，使红军在长征中损失惨重。毛主席带领党中央先从解决军事路线错误入手，逐步解决了党的组织路线错误，进而成立三人小组负责军事指挥，加强了毛主席对军事的领导权。这对中国革命具有深远的意义。

毛主席说，1935 年 1 月遵义会议纠正了王明的路线错误，王明倒台了。这是简单的总结的话。事实经过是：在长征中，毛主席先取得了王稼祥、洛甫的支持。那时在中央局工作的主要成员，经过不断斗争，在遵义会议前夜，就排除了李德，不让李德指挥作战。这样就开好了遵义会议。中央的很多同志都站在毛主席方面。由于毛主席拨转了航向，使中国革命在惊涛骇浪中得以转危为安，转败为胜。这是中国革命历史中的伟大转折点。毛主席的正确路线在党中央取得了领导地位，真正取得了领导地位。遵义会议一传达，就得到全党全军的欢呼。

中央红军 1934 年 10 月 10 日从雩都出发，出发时 8 万多人，号称 10 万人，辗转 3 个月到达了遵义地区。3 个月中间，坛坛罐罐都带着，连机器都抬着，那简直是不堪设想的。哪有那种大转移呢？那是大搬家，当然那些东西都纷纷丢掉了。大概没有出江西，机器就丢掉了。经过广东、江西，然后又转到湖南。在湖南多次转移，然后才进到贵

---

① 这是周恩来同志在当时党中央召开的一次会议上讲话的一部分，标题为编者所加。

州。在进入贵州前后，就争论起来了，开始酝酿召集政治局会议了。从黎平往西北，经过黄平，然后渡乌江，达到遵义，沿途争论更激烈。在争论过程中间，毛主席说服了中央许多同志，首先是得到王稼祥同志的支持，还有其他中央同志。当时林彪并不是积极的，是同别人说牢骚话的。在遵义会议上，毛主席做了讲话，扭转了航向。

遵义会议的主旨是纠正军事路线错误，因为当时是在惊涛骇浪中作战，军事路线最紧迫。长征是辗转战斗，蒋介石以大军围追我们，截击我们，侧击我们。我们在广西那个地方受到了很大的损失。白崇禧用很厉害的办法对付我们，他把我们走的路上的老百姓都赶掉，甚至把房子烧掉，使我们没有法子得到粮食和住房。他在背后截击我们，我们一个师被截断了，得不到消息，牺牲了。经过多次挫折，到了遵义只有 3 万多人。这么大的损失！这个严重的错误是血的教训。毛主席取得领导地位，是水到渠成。事实证明，在千军万马中毛主席的领导是正确的。

毛主席的办法是采取逐步地改正，先从军事路线解决，批判了反五次"围剿"以来的作战的错误：开始是冒险主义，然后是保守主义，然后是逃跑主义。这样就容易说服人。其他问题暂时不争论。比如"左"倾的土地政策和经济政策，肃反扩大化，攻打大城市。那些都不说，先解决军事路线，这就容易通，很多人一下子就接受了。如果当时说整个都是路线问题，有很多人暂时会要保留，反而阻碍党的前进。这是毛主席的辩证唯物主义，解决矛盾首先解决主要的矛盾，其次的放后一点嘛。

实际上次要矛盾跟着解决了，组织路线也是勉强解决了。当时博古再继续领导是困难的，再领导没有人服了。本来理所当然归毛主席领导，没有问题。洛甫那个时候提出要变换领导，他说博古不行。我记得很清楚，毛主席把我找去说，洛甫现在要变换领导。我们当时说，当然是毛主席，听毛主席的话。毛主席说，不对，应该让洛甫做一个时期。毛主席硬是让洛甫做一做看。人总要帮嘛。说服了大家，当时就让洛甫做了。撤销博古的那个声明也没有用"总书记"。那个时候名称也不是那么固定的，不那么严格的，这个"总"字好像没有加上，反正他是书记就是了，因为其他的人作常委嘛。那个时候没有书记处。毛主席总是采取这样的办法来教育人，使大家逐步地觉悟起来。所以，组织路线并没有完全解决。但是，这样比较自然，便于集中力量取得胜利，减少阻力。至于政治路线，暂时不提。

遵义会议开了以后，要继续前进。这个时候争论又起来了，打仗如何打法也引起了争论。那个时候困难啰，8万人剩下3万多人。每一个部队里都减员，伤员病号都不少，的确有困难。在那种关头，只有坚定不移地跟毛主席走。这时问题就出来了，一个比较小的问题，但是一个关键性的问题，就是从遵义一出发，遇到敌人一个师守在打鼓新场^①那个地方，大家开会都说要打，硬要去攻那个堡垒。只毛主席一个人说不能打，打又是啃硬的，损失了更不应该，我们应该在运动战中去消灭敌人嘛。但别人一致通过要打，毛主席那样高的威信还是不听，他也只好服从。但毛主席回去一想，还是不放心，觉得这样不对，半夜里提马灯又到我那里去，叫我把命令暂时晚一点发，还是想一想。我接受了毛主席的意见，一早再开会议，把大家说服了。这样毛主席才说，既然如此，不能像过去那么多人集体指挥，还是成立一个几人的小组，由毛主席、稼祥和我，三人小组指挥作战。从那个时候一直到渡金沙江，从1月、2月出发，到了5月，这是相当艰难困苦的一个时期。走"之"字路，四渡赤水河。从土城战斗渡了赤水河。我们赶快转到三省交界即四川、贵州、云南交界地方，有个庄子名字很特别，叫"鸡鸣三省"，鸡一叫三省都听到。就在那个地方，洛甫才做了书记，换下了博古。

（摘自中共中央党史资料征集委员会、中央档案馆编《遵义会议文献》，人民出版社，1985年1月版，第66—69页。）

【思考探究】

一、毛主席对于遵义会议的总结简单，但是作者却有不同感受，你能体会到作者的感受是什么吗？

明确："毛主席说，1935年1月遵义会议纠正了王明的路线错误，王明倒台了。"其实这句话暗含了王明"左"倾冒险主义路线在党中央统治的结束。我们的党和红军转败为胜，转危为安。但过程却

---

① 今贵州省金沙县城。

远比毛主席的这句话复杂，斗争也充满了凶险和不确定性，作者感到这一结果是多么的来之不易。"事实经过是：在长征中，毛主席先取得了王稼祥、洛甫的支持。那时在中央局工作的主要成员，经过不断斗争，在遵义会议前夜，就排除了李德，不让李德指挥作战。这样就开好了遵义会议。"

二、试分析第一段中"由于毛主席拨转了航向，使中国革命在惊涛骇浪中得以转危为安，转败为胜"句中的"拨"字在文段中的表达效果？

明确：这个句子运用了比喻的修辞手法，把整个中国革命看成一艘大船，把中国共产党和红军面临的凶险无比的形势比作惊涛骇浪，把毛主席对于革命的领导比作舵手。航船的安危全看舵手对方向的把控是否正确。

这个句子中"拨"字准确地描绘出毛主席对于革命形势的精准把控，表现了毛主席在革命的危急关头对革命的转折起到的生死攸关的重大作用。

40 毛主席站在板凳上即席讲话

张耀祠

【阅读提示】

1935 年 1 月 5 日、6 日，在刘伯承总参谋长的悉心指导下，红军红六团先奇袭九响团，再智取遵义城。在这个好消息的鼓舞下，毛主席兴奋地登上一条板凳，即席向遵义城的老百姓发表演讲。

在演讲中，毛主席不仅向遵义的老百姓讲述了普通百姓为什么世世代代受穷的原因，还向老百姓介绍了中国共产党和红军的性质，那就是为穷苦人打天下，为穷苦人谋幸福。毛主席动员老百姓积极参加红军，积极投身到反帝反封建的斗争当中。演讲中，毛主席幽默风趣的风格给老百姓留下了深刻的印象。

1935 年 1 月 5 日夜，中央红军红六团在团溪镇宿营。这个镇离遵义只有几十里路。6 日清早，天未亮，红六团起床了。这时，刘伯承总参谋长骑马连夜赶到红六团团部。他对红六团团长朱水秋、团政委王集成及全团指战员做了动员，说："下一步打什么地方，大家都知道。目前我们的处境还是比较困难的，要求我们仗要打得好，还要伤亡少，又要节约子弹，这需要我们多用点智慧才行啊！"

担任前锋的是第一营。营长曾保堂、团参谋长唐振旁走在最前头，唐参谋长在团溪镇上找老百姓打听情况，找到了一位小伙子。他原在"侯家军"里当过兵，知道沿途情况。他说，离遵义 30 里路，有个山口，"九响团"就驻守在那里，只有过了这一关，才能进遵义城。

怎么叫"九响团"呢？

原来这个团上上下下都有一支一梭九发的"九连珠"毛瑟枪。号称那山口鸟也飞不过去。"九响团"的团长叫侯之担，人称"侯家军"。

朱水秋团长和王集成政委率领红六团在当日夜晚，悄然包围了"九响团"，三下五除二，"九响团"就被红军解除了武装。除打死的外，200 多名俘虏畏缩在寒风细雨之中。接着，第一营换上了"侯家军"的军装，带着几个愿意参加红军的俘虏，准备诈取遵义城门。怎样"诈"？

在这节骨眼上，刘伯承又冒雨赶到了，再一次对一营作了战前动员，指出应该注意的地方。他说："遵义城里有敌人一个师，听说红军过了乌江，军心动摇。你们一个营先进城打敌人一个师，力量悬殊。但敌人是惊弓之鸟，一轰就跑。你们要有胜利的信心。同时要多用脑筋，多用智慧……"

天黑，又下着雨，一营马不停蹄，直奔遵义城门。

俘虏用贵州话喊开门。

城门上的哨兵问话："哪一部分的？"

"九响团的。"被俘的"九响团"营长按照曾保堂的吩咐答道。

"'九响团'不去守山口，跑这干什么来了？"

"红军打过来啦！"

"红军？红军不是还在乌江吗？"

城门上的那个哨兵叫来马排长，马排长用手电筒往下一照，见一群被雨水浇湿的穿"九响团"服装、挎"九连珠"的士兵。

马排长盘问了一通，那位被俘的营长答得滴水不漏。于是，马排长下令开城门。

1935年1月7日凌晨，城门开了，红军一拥而入。就这样不费吹灰之力，红军智取了遵义城。

老百姓看着身着侯家军服装的队伍一个个面黄肌瘦的，就怀疑他们不是侯家军。当得知真情后，老百姓说："我看你们就不是侯家军，侯家军一个个都胖胖的！"并说："我们非常欢迎你们来打倒侯家军，打倒王家烈。"

毛主席得知红六团智取遵义城，非常高兴。这是红军长征以来第一次占领比较大的中等城市。毛主席幽默地说："知道吗？附近就是夜郎国，有个夜郎自大的人物就出在这里。到了夜郎国了，我们胜利了，红军将士可不能夜郎自大啊！"

这是一座古老的城市，它的历史可以追溯到唐朝。唐王朝时代就在这里设立县，此后，便不断扩大其规模，有城墙、城门，楼阁玲珑。但这个地方在那个年代并不出名，唐王朝也许并不知道有这个地方，更不可能与洛阳、开封、西安相比。它之所以能扬名，是因为中央红军在这里经历过举世瞩目的历史性的转折。

为了严明中央红军纪律，扩大红军的政治影响，总政治部代理主任李富春同志，积极做好政治工作，有针对性地为红军制定了《进遵义城八项注意》：（一）整齐武装服装。（二）不掉队伍。（三）不脱离部队，不自由活动。（四）到宿营地后出外要请假。（五）私人不准向群众借东西。（六）不乱买东西吃。（七）无事不要进群众家里去。（八）注意卫生，不乱拉屎尿。

为了保卫中央领导同志进遵义城的安全，国家保卫局局长邓发要侦察科、检查科派几个同志先进遵义城，对城内敌特、社会情况进行调查了解，部署好进城时的安全保卫工作。

我们进了城，住在新城区，每天到老城区找街道居民、商店店员、小商贩和学生，对敌特及社会情况进行广泛的调查了解，并对逃离的原敌特、军、警、宪做了详细调查。一边调查了解，一边向群众宣传共产党的政策、主张，特别是向老百姓宣传红军的任务和性质。

军阀王家烈在贵州是一个土皇帝，横行霸道，欺压老百姓，无恶不作，老百姓早就对其恨之入骨，敢怒而不敢言。中国工农红军来了，老百姓非常高兴，热烈欢迎红军打倒王家烈。

1935年1月9日，遵义城喜气洋洋，街道两边，摆着烟、茶、糕点、酒等。群众早早列队站在街道两边，远远地等候毛主席和中央领导同志从他们身边经过。国家保卫局侦察科、检查科的同志，身着便服，夹在群众中。国家保卫局特务队员肩挎驳壳枪，排列在中央领导同志的前排和两侧，部队以三路纵队迈着整齐的步伐沿大街前进。群众看到中央领导同志走过来时，都热烈鼓掌。一时间，锣鼓阵阵，鞭炮齐鸣，"欢迎中央红军到贵州来！""打倒王家烈！""打倒国民党蒋介石！""打倒帝国主义！""拥护中国共产党！"等口号声不绝于耳。

中央领导同志满面笑容，频频向群众挥手致意，整个遵义城沸腾起来了。

进入遵义新城，过了桥来到老城。毛主席经过府衙门向广场走去。瞬时，青年学生和市民转头涌进了广场，到处都挤满了人。

毛主席注视着四周的人群，心情格外激动，看来他是要向群众讲话了。广场没有讲台，我们马上搬来了一条长板凳，放在毛主席跟前，他顺脚踏了上去，站在那上边向欢呼的人群挥手。当时，我就站在毛主席的身后，跟群众搅和在一起，密切观察着周围的情况，严防意外。

老百姓从未见到过毛主席，他们分不清站在板凳上的是不是毛主席。

站在我身边的几个青年小伙子，指着板凳上的毛主席说："他不像毛主席，在大街上看到的高鼻子才是毛主席！"这些小青年，把在大街上看到的高鼻子李德当成毛主席了。

我听了后心里暗暗发笑。

毛主席站在板凳上向群众讲道："中国工农红军来到贵州，是要同你们一道，打倒统治压迫剥削劳动人民的军阀王家烈，打倒国民党蒋介石，解放全中国。"毛主席特别强调指出："我们劳动人民，为什么祖祖辈辈都是穷人呢？富人为什么那样富呢？这是因为有外来帝国主义的侵略和掠夺。国民党蒋介石不抵抗，实行先安内、后攘外的卖国政策，对内发动全面反共反人民的反革命战争。资产阶级、地主阶级、土豪劣绅对工人、农民、城市贫民实行残酷的剥削。国民党、各地军阀、党、政、军、警、宪所有的官员都是一群贪官污吏，是专门敲诈勒索工人、农民、城市贫民的吸血鬼，富了当官的和地主老财，穷了工人、农民、城市贫民。我们无产阶级长期以来都是受资产阶级、地主阶级、军阀官僚的压迫剥削。究其原因，最主要的是无产阶级没有自己的政权，没有自己的军队，人民没有自由说话的权利，因此穷人没有靠山。无产阶级有了自己的政权和军队，人民就有自由说话的权利，就有生存的条件。"

毛主席站在板凳上，双脚一动不动，手却在不停地挥动着。他说："现在中国共产党领导的中国工农红军，是人民的子弟兵，是人民的军队，是为人民谋利益、求解放的军队。工人、农民和劳动人民要在中国共产党领导下，团结起来，组织起来，建立人民民主政权。青年人要踊跃参加中国工农红军，壮大红军的力量，坚决打倒国民党蒋介石，打倒王家烈，打倒帝国主义！"

毛主席又说："中国工农红军要北上抗日，日本帝国主义侵占了我国东北三省，现在又准备向华北进军，要把中国变成日本帝国主义的殖民地。全国各党派、各方军队、各界人士和一切不愿当亡国奴的人们，只要愿意抗日救国的，我们共产党都欢迎，我们愿意同他们联合起来，一致对外，共同抗日，把日本帝国主义从中国领土上赶出去！"

1935 年 1 月 12 日，我从国家保卫局侦察科调到国家保卫局特务队任班长，参加保卫遵义会议安全的任务。会议从 1 月 15 日至 17 日开了 3 天。会上对李德、博古的"左"倾军事路线严重错误进行了严厉的批评，并撤销了李德的军事顾问职务。在离开遵义时，上级把李德交给我班看护。邓发局长指示三条：（一）不要让他自杀了。（二）不要让他逃跑了。（三）行军（特别是夜间）时和到达宿营地，对他都要跟得紧，看得严，不要发生问题。

我说："保证完成任务！"

（摘自《张耀祠回忆录——在毛主席身边的日子》，中共党史出版社，2008 年 6 月版，第 24—32 页。）

【思考探究】

一、向导介绍"九响团"的情况，有什么作用？

明确： 向导介绍"九响团"的情况，"原来这个团上上下下都有一支一梭九发的'九连珠'毛瑟枪。号称那山口鸟也飞不过去。'九响团'的团长叫侯之担，人称'侯家军'"，重点是为了突出"九响团"装备精良，具有很强的战斗力。遇到"九响团"，"朱水秋团长和王集成政委率领红六团在当日夜晚，悄然包围了'九响团'，三下五除二，'九响团'就被红军解除了武装"。这不仅突出了红军的奇袭战术运用得当，也表现了红军战士们战斗力强和大无畏的革命精神。

二、文中"国民党、各地军阀、党、政、军、警、宪所有的官员都是一群贪官污吏，是专门敲诈勒索工人、农民、城市贫民的吸血鬼，富了当官的和地主老财，穷了工人、农民、城市贫民"。这个句子毛主席是怎么描述国民党反动派对于老百姓的剥削的，用了什么修辞手法，有什么样的表达效果？

明确： 毛主席用了比喻的修辞手法，把国民党、各地军阀、党、政、军、警、宪所有的官员中的反动势力比作"吸血鬼"，把他们对工人、农民、城市贫民的剥削、敲诈勒索形象地比喻成"吸血"，非常形象地向老百姓说明了导致他们贫困痛苦的根源，便于老百姓接受。

41 四渡赤水

聂荣臻

【阅读提示】

遵义会议以后，红军原计划向四川进军，但是在习水土城青杠坡战役中遭到重大挫折。为了摆脱敌人的重兵围堵，军委命令红军一渡赤水，到扎西进行休整。敌人集结重兵于扎西，红军则避实就虚，再次渡过赤水，攻击遵义。由于敌人周浑元固守不出，红军因此选择放弃遵义城，再次向古蔺方向前进。由于敌人的穷追不舍，毛主席出其不意，四渡赤水，直插乌江，把敌人远远地甩在了后边，顺利跳出了敌人的包围圈，使红军转危为安。

"四渡赤水出奇兵"，这是毛主席平生得意之作，是世界战争史上不朽的传奇。

遵义会议过程中，一军团按军委的指示，派我军前锋二师四团占领桐梓、松坎，以后全军团就集结在这一地区。

遵义会议以后，中央确定向四川进军。当时选定的渡江地点是在重庆上游宜宾到泸州一线。1月18日会议刚开完，我们就离开遵义，一军团由集结地向西，三军团经仁怀向北，五、九军团和中央纵队随后跟进，共同向赤水城进发。

因为我的脚伤没有好，军委要林彪先回部队。李德表示，要到部队去体验实际生活。林彪与李德先后去了一军团。我坐担架，仍随中央纵队行军。开始一路上比较顺利。一军团首先攻占习水、土城等地，于1月25日到达赤水城郊，准备攻城。但那时敌人闻讯我军北上，早已在川、黔、滇三省边界大修碉堡，集中兵力到川黔边境布防，封锁长江。赤水城本来就比较坚固，这时川敌又派大量部队增援，一军团到了赤水城外复兴场、旺隆场等地与敌人一个师又两个旅对峙，相持不下。中央纵队与三、五军团于1月26日到达土城，第二天四川军阀的先头部队，装备精良的"模范师"郭勋祺部和潘佐的三个团，共六个团赶到了土城。1月27日，军委主席朱德命令我三军团、五军团及干部团全部，"于明日拂晓包围迂回该敌而歼灭之"。1月28

日和敌人在土城东北的丰村坝、青岗坡一带打了一场恶仗。由于我们指挥存在缺点等等原因，这一仗没有打好，部队受挫。

一开始打得还是不错的。三军团、五军团和干部团先投入战斗。敌"模范师"被我击溃一部。干部团攻击很猛，硬是攻到了郭勋祺师部附近。敌人已经弹药匮乏了，突然三个旅增援上来了，由于得到了子弹、手榴弹的补充，才把我干部团压了下去，反而转守为攻。一军团二师被指定为预备队，是后来参加这一战斗的。到我们一军团上去时，敌人已占领了有利地形。我二师的部队曾经陷在一个葫芦谷形的隘口中，来回冲杀，部队无法展开，伤亡较大。五团政委赵云龙牺牲，部队处境十分危险。我们与郭勋祺师激战了一整天，虽然给了他以重大杀伤，但未能消灭敌人，自己却损失不小。

态势于我很不利，于是军委下令退出战斗，西渡赤水（即一渡赤水）向古蔺开进。土城战斗以后，我的脚伤基本好了，就不再坐担架，又回到了一军团。

我军一渡赤水以后，原拟经古蔺、叙永、兴文向长宁集中，然后在宜宾附近渡江，但我军非常疲劳，又在山间小道行军，速度很慢，敌人则依靠其有利的交通条件，先后调集了十个旅赶到宜宾南部长宁一线集中，于是我军又改道到威信（扎西）、镇雄一带滇黔边休整。2月中旬，我们发现川敌十多个旅正由北向南压来，云南敌人三个旅正向镇雄、扎西疾进。于是，军委决定我军调头向东，二渡赤水，去打击在遵义、贵阳一带的王家烈部队和薛岳、周浑元纵队。2月19日、20日，我军在太平渡到二郎滩之间渡过赤水河。

部队在赤水河来回穿插，避实击虚，灵活地调动敌人。为了增加部队的机动，甚至把一些累赘的火炮和辎重也都沉到赤水河里去了。红军主力先是两渡赤水。这时黔军有六个团，布置在娄山关一线，他们凭险据守，企图掩护遵义，以待薛岳的部队北援。我军决定先打击消灭黔军。经过激烈交战，一军团的部队2月24日再次夺占桐梓城，守敌退向娄山关。2月26日，三军团的部队二次占领娄山关。

敌人溃败以后，纷纷夺路南逃。一、三军团并肩向遵义方向展开了追歼战。我们一军团在黑神庙偷听敌人电话，得知遵义只有敌军约一个营，其他是娄山关溃退下去的部队，敌师长命令他们在遵义城外各处整顿，不准入城。于是我们命令一师和二师："如三军团的部队在你们前面追击时，你们则随其后跟追，如三军团停止未追时，你们应超过他们迅速追击。"2月27日，一、三军团再取遵义城。这次三军团比我们先占遵义。为了配合三军团作战，我骑马先赶到了遵义城里三军团指挥部，还没有坐下来，就听说三军团前卫部队在向遵义以南追击溃敌时，碰到薛岳纵队吴奇伟率领的两个师增援上来了，并且已经在遵义城南丘陵地接火，战斗很激烈，彭德怀同志真可以说是马不停蹄，立即向前线出发。我也赶紧通知一军团部队进遵义城后不要停留，立即向城南去配合三军团作战。

经过我们一军团和三军团等友邻部队的奋勇战斗，在遵义以南先后打垮了由贵阳北上增援遵义的中央军——吴奇伟率领的五十九师（师长韩汉英）和九十三师（师长唐云山），并乘胜猛追，在懒板凳、刀靶水等地打了几个漂亮的追歼战。

在懒板凳附近，我们召集会议，命令部队追歼敌人。我说："现在我们部队没有吃饭，敌人也没有吃饭，我们疲劳，难道敌人不是比我们更疲劳吗？我们一定要乘胜追击，把敌人赶到乌江去喝水。"

敌人这两个师，在江西就和我们作过战，知道红军的厉害。比如敌人的五十九师，就是第四次反"围剿"被我们在黄陂几乎全歼过的，不知道敌人怎样东拼西凑，又把这个师的番号恢复了。他们一听说红军来了，闻风丧胆，和我们一接火，逃得比兔子还快。

有一天黄昏，敌人刚逃到一个村子，停下来做饭。敌人前脚到，二师四团后脚就追进了村。四团有个部队进了敌人的伙房，敌人还不知道是红军。四团有个战士看见伙房里有一盆热气腾腾的鸡，抄起来就吃。敌人的伙夫还斥责说："这是给师长做的！不准吃。"敌人根本想不到红军来得这样快。

一师二团的追击动作也很迅猛，他们追击王家烈的双枪兵，当敌人刚停住脚，宿了营，摊开铺吞云吐雾时，团长龙振文和政委邓华带着二团的部队追到了，缴了敌人的枪，敌人还以为是自己人在开玩笑。

我们追敌人一直追到鸭溪以南乌江大渡口。由于敌人砍断了浮桥，才幸免于全军覆灭。

这次战役，红军歼敌九十三师大部、五十九师一部还有王家烈的一些部队，俘敌近三千人，内有团长一名，还打伤敌旅长、团长三名。这是长征以来最大的一次胜利。

　　3月初，周浑元纵队在仁怀（即茅台）鲁班场一线，有向我遵义进攻的企图。我军决定趁薛岳纵队刚吃败仗尚在乌江以南的机会，向西北打击周浑元纵队。3月4日，军委决定组成前敌司令部，由朱德任司令，毛泽东任政委，指挥作战行动。这次本来想在运动中消灭敌人，但周敌却在鲁班场附近筑堡固守不动。我们一军团到鲁班场打了一下，没有攻克。这时薛岳纵队重整旗鼓，又北渡乌江向我后面袭来。于是我军3月10日放弃遵义，军委机关与野战军会合以后，于16日攻占茅台。

　　在茅台休息的时候，为了欣赏一下举世闻名的茅台酒，我和罗瑞卿两个，叫警卫员去买些来尝尝。酒刚买回来，敌机就来轰炸，于是我们就又赶紧转移。随后为摆脱追敌，我军即在茅台附近向西三渡赤水，再次向古蔺方向开进，周薛两敌在后紧追。在此紧迫之时，不意毛泽东同志指挥我们突然掉头向东，3月21日于二郎滩、太平渡一线四渡赤水。当我军西进古蔺时，敌人以为红军还是要北上，赶紧改变部署，没有想到红军四渡赤水，掉头南下，把北线敌人甩得远远的。我军在遵义到茅台之间直插乌江边。

　　1935年2月底，一军团一师三团带着军团的工兵连，作为先遣队，掩护我军南渡乌江。3月31日，三团抵达刀靶水南的乌江边。当晚，先头营在暴风雨中乘竹筏渡过了江，从小道绕到了敌人江防营——薛岳部九十一师的一个营的侧后，击溃了这个营。工兵连架起了浮桥，红军渡过了乌江。

　　（摘自《聂荣臻回忆录》，解放军出版社，1984年版，第250—256页。）

【思考探究】

一、毛主席的用兵策略是什么？

明确：毛主席的用兵策略是不计较一城一地的得失，避实就虚，灵活主动地调动敌人，在运动战中去寻找合适的战机打败敌人，消灭敌人，取得最后的胜利。红军四渡赤水就是毛主席用兵策略的最好体现。红军部队在赤水河来回穿插，避实击虚，灵活地调动敌人。为了增加部队的机动，甚至把一些累赘的火炮和辎重也都沉到赤水河里去了。红军主力先是两渡赤水。后在战斗中先后四渡赤水，彻底摆脱了敌人追击。

二、"他们一听说红军来了，闻风丧胆，和我们一接火，逃得比兔子还快。""有一天黄昏，敌人刚逃到一个村子，停下来做饭。敌人前脚到，二师四团后脚就追进了村。"这两个句子用了哪些修辞手法，谈谈这样写的效果？

明确：第一个句子运用了比喻和夸张的修辞手法。第一个句子中把敌人的逃跑速度比作兔子，生动形象地写出了敌人逃跑速度之快，表现了他们对红军的惧怕程度之深，从侧面表现了红军的英勇善战，令敌人闻风丧胆。本句也有夸张的特点，用兔子的速度来夸大敌人逃跑的速度，突出敌人逃跑时的恐惧状态。第二个句子运用了夸张的修辞手法，运用前后脚的时间差来表现红军进军神速，令敌人猝不及防。

42　再占遵义城

莫　休

【阅读提示】

　　枪声、号声、人员活动发出的声音混杂在一起，一幅多么杂乱不堪的景象。这是红军第二次占领遵义城时一位普通战士的切身感受。

　　一方面要服从上级的命令，奋力地追击敌人，另一方面又要维护红军战士在遵义老百姓心中的形象，还要与恶劣的自然条件做不懈的斗争，就是在那种居无定所，食无定餐，与其他参战团体摩擦不断的情况下，红军战士们凭借着坚强的革命意志，战胜了前进中的各种困难，在遵义城留下了他们光辉的身影。他们为遵义城这座转折之城，会议之都做出了难以磨灭的贡献。

　　嘀嘀嗒嗒……

　　嘀嘀嗒嗒……

　　清脆的号音，冲破了寂静柔和而醉人的春晨，从各个低矮的门洞内，吐出了担子、马匹和高的矮的人，拥挤着，嘈嚷着，塞满了小小的一条街心，街被挤得像孕妇的肚子一样，要破裂了。大地也呈现了突然的紧张。

　　像喧闹的蜂群样的渐渐肃静了下来，担子、马匹、人，都从各方向集拢来，由于习惯的规定，推着挤着，各自插进了他所应有的位置，纷乱转成了秩序，散乱着的一切，成了整齐的行列。

　　"同志们！静一点，"矮胖的××长训话了，话像箭镞一般，从那硬邦邦的胡子包围得像刺猬样的嘴里射出来。

　　"今天要进城，大家把服装整理好！"

　　接着便是刺刀、碗类的稀里哗啦声，衣服、斗笠、干粮袋的褶脆声，夹着"排在这一边！""毯子再捆一下，打成背包"的斥责纠正声。从嗡嗡、叽喳的杂声中，听到争执：

　　"不准打赤脚，鞋子穿起来！"

"我草鞋襻子断了，没有鞋子穿。"

"你前天在桐梓城买的那双新鞋呢？"

"……"

原来前两天连续落了几天雨，现在路上还有积水和泥沼，有人怕将还未上脚的新鞋子溅污了，故宁愿打赤脚。

"进城要穿漂亮一点呀！遵义有格多女学生，女学生不爱打赤脚的。"

"不行！不准破坏风纪！"

大家恣意地为难着那个人，七嘴八舌地在笑谑，一幕趣剧又划破了大地的静寂，微微波动了已就绪的行列，害得矮胖的××长跳来跳去，忙乱了一阵，才算平息了这小小的骚动，终于勉强让那个人穿上他那双心爱的新鞋。太阳投下它那不着边际的光圈，披覆山岭树梢和鲜艳诱人的白的赭紫的罂粟花，绘出一幅美妙绝伦的春景画。温润的泥土被蒸得浮出秋云一般的轻雾，夹杂着窒人的怪味儿，人们都在迅捷地轮番两腿迈进。汗从额头流过了眉毛，渗进眼角里，有人在感到刺辣的难受，用污脏的毛巾使劲在揉揩着。为春郊美景的迷诱，又受着不容自由的快步行军所束缚。一个紧接着一个，像水车板子样，逼得人丝毫也不能缓慢一下步子，喘息着静默着在走，不，简直在跑步了。突然一阵哄笑打破了这个沉默紧张的局面。

"咦，漂亮啊！"

"你捣乱！溅我一身泥！"

"把脚抗到肩膀上走呀！你看到城里没有漂亮鞋子了！"

那个被强迫穿上鞋子的人，因急不择路，把他那双唯一心爱的鞋子陷在泥淖里去，湿淋淋的，大家又在取笑他，于是又演出一幕短短的喜剧，阵线又微微乱了一下。但因受着行军速度的催迫，以及疲倦得有些失去厮闹的兴致了，于是喜剧又迅速地收场。

虽然一个多月前也曾经过遵义城，那只是目不敢旁瞬的仅仅通过新城的一角，不但著名的令人谈起垂涎的"醪糟儿"和"宫爆鸡"未能尝到滋味，就连马路究竟比桐梓怎么样还不知道，所以现在虽然跑得令人难熬了，但终于美妙神秘的遵义城在心里像海上幻影样浮动着，招引着，这多少使渴望心驱走了两腿的疲酸，大家仍喘息着前进。但幻影的遵义城是有把握瞻仰的，目前的疲乏，确实有点逼人难受，因此一个已屡次踏入水淖泥坑中，脚力已多少有点不济的人终于喷出他的怨渎！

"为什么要走这样快？快二十里了，还不休息？!"

"为什么要快走？你不记得在泗渡站板桥主任留的那些字？"

第二个提出了昨天黄昏时，大家满以为宿营了，突然看见漆黑门板上的粉笔字："××部同志，努力前进，敌人已全部溃退，今晚一定要赶到遵义，做城市工作。"那些×主任留下的话，来解释了今天要跑步进城的原因。自然我们行列里更有不少"久经战阵"的"老红军"，他们更忍不住要卖用本领了：

"没有什么用，走这点路就累了，二次'围剿'打白沙时，朱总司令叫我们一口气跑步四十里，缴到郭华宗的一旅人枪，没有一个说累了走不动！"

这样老资格的训诫话摆出来，不是没有影响的，因为大家想到了现在要赶路的原因，同时也感觉到为着胜利，为着工作，我们是要战胜一切困难的。所以这种"摆老资格"，也倒有了一点刺激兴奋的作用。

"捣什么鬼，不准插队！"你碰到鬼。

我们又同×军团的教导营插队了。本来他们走在我们的前面，有四五里，但被我们赶上了，挤在一起平行着，照着五六尺宽的马路，二路纵队行进，是不成问题的。但名字是马路，实在整蹩脚得很，黏重的黄土，没有什么碎石或炭屑的培壅，受到雨水的冲洗，车轮的硬轧，一个窝洼，一个水坑，实在不容易下足，因此在五六天的贵州马路上，二路纵队行军，也成了问题。大家都想拣没有障碍的路间走，而障碍又偏偏不断地出现，于是纠纷就来了，我碰了你的手，他踏了他的脚，担子横过来横过去，拦住了两旁人不能前进。马虽然不必与人争路，但因大的蹄子"扑通"一下，落在水坑里，泥浆四溅，前后左右起码有几个人身上或脸上着了斑点，随着便飙起不亲爱的怒斥声：

"死马夫，你捣什么鬼，吃冤枉！""你倒崖了儿，你推咱的马干什么？"

为了抢路，大家成天挂在嘴皮上的"同志"两个字也不用了，简直挚爱变成了仇视。大家拥挤着，咕噜着，争抢着走。虽然我们先锋队超过了教导营的先头，但回头一顾，后面的"尾巴"折断了，担子没有来，就是许多工作人员也不见了，只是在远远地蠕动着的人丛中，还送来"不准插队走""快一点""你碰到鬼"……的嘈杂声。

流了一大身臭汗，总算渡过了这一段"难关"，活的抢路人没有了，但又遭遇死的争路的人，仰着的，俯着的，四肢扯开像"大"字形的，蜷屈得像团子的，一个或数个的躺满数里大道上。虽然是在火线上爬过多年的人，死尸倒是"司空见惯"，但那一个个黄肿的脸（王家烈兵十有九个半抽鸦片）一堆堆褐色的腥臭的血块，从腰间头上流出的白的红的花花绿绿的东西，不得不使你要绕几步路，这很可以想象，昨天自娄山关一直追击到遵义城（八十里），王家烈亲自指挥的全部"老本钱"八个团被打得那样狼狈溃败的可怜了。

两旁街铺，有些还是"财门紧闭"的，可是开着门的商店，卖零食的街摊，一切都挤满着戴红星帽花的顾客。

【思考探究】

一、请用简洁的语言概括本文讲述了一个什么样的故事？

明确：本文从一个普通红军战士的视角，描述了红军战士们克服重重困难再次打败敌人，占领遵义的历史事件，表现了红军战士不惧怕任何困难的革命乐观主义情怀。

二、第二段"从各个低矮的门洞内，吐出了担子、马匹和高的矮的人，拥挤着，嘈嚷着，塞满了小小的一条街心，街被挤得像孕妇的肚子一样，要破裂了"一句运用了什么样的修辞手法，请简要分析其表达效果。

明确：这个句子运用了比喻的修辞手法，作者把拥挤的街道比作快要被挤爆的孕妇的肚子，生动形象地写出了此时大街上拥挤、堵塞、杂乱无章的状态，这是红军在向遵义城进发途中遇到的路难走的一大困难，但是红军并没有被这一困难吓倒，而是想尽一切办法克服困难，胜利完成了再占遵义的任务，体现了红军战士不惧困难的革命精神。

第
九
单
元

43　遵义城走出来的勇士们

杨得志

【阅读提示】

遵义会议是在中央红军撤离中央根据地三个月后，是在一直有强敌围追堵截、浴血苦战的逆境中，是在全军八万人已折损近半的危机中，是在大家都已是相当疲惫了的危急情况下召开的。

在遵义会议召开期间，红军勇士们面临着缺吃少穿的重重困难。他们利用这座比较繁华的城市进行了必要的休整和补充，宣传了革命，穿上了新军装，迎来了新的正确路线；他们克服重重困难，凭借着不怕苦、不怕累、不怕牺牲的伟大革命精神，取得了长征路上的一次次胜利，创造了一个个奇迹。遵义会议"确立了毛泽东同志在红军和党中央的领导地位，使红军和党中央得以在极其危急的情况下保存下来，胜利地完成长征，打开中国革命的新局面。这在党的历史上是一个生死攸关的转折点"。

我们攻占了遵义。

这个时候，由于撤离中央根据地三个多月来，一直在强敌围追堵截的逆境中浴血苦战，全军八万人已折损近半，大家已是相当疲惫了。然而，我们红军指战员看到红旗在遵义城头高高扬，真好比蒙蒙月夜中看到了黎明前的曙光，受到莫大的鼓舞。

隆冬季节的黔北高原，朔风穿胸透背，天气干冷异常。我们这支队伍，经过长途跋涉，连续作战，由于脱离了根据地，得不到补给，不少人身着夹衣，打赤脚穿着草鞋。一个班十几名战士，所穿衣服（很难说是军装了）竟有七八种颜色和式样。有的同志甚至把未经剪裁的棉布捆缠在身上，像原始人那样，也有人披着用细麻绳串在一块的光板狗皮、羊皮，护着连衬衣也没有的前胸后背。至于口粮也越来越困难了。冻饿交加，指战员中病号增多，体力普遍大大下降。

经验证明，健壮的体魄是部队战斗力诸因素中的重要组成部分。要完成未来更加艰巨的战斗任务，就得想方设法尽快恢复和增强指战员们的体力，这是一项不容忽视的任务。

遵义是座比较繁荣的商业城市。当时一块"大洋"可以买到五六斤猪肉，或三四斤盐巴（此地盐比肉贵），或两三丈布匹，或一斗多米。市内的一家"太平洋药房"，药品也比较齐全。我们从江西出发时，各连都带了些银圆，前一段多在人烟稀少的荒山僻岭间行军作战，银圆没有地方去花。黎林同志和我商量决定，让各连拿出一部分钱来，改善部队生活。

那时干部和战士一样，个人没有什么钱，一切都得靠组织安排。我对连队干部们说："把你们的'小金库'打开，买些吃的、用的给大家。要买些活猪，把战士们这一年多掉的肉补回来。把身体搞好，准备迎接新的战斗任务。"细心的黎林同志笑着嘱咐大家："有一条，猪肉不要搞得太多，那东西吃多了要'跑肚子'哩！另外，要强调群众纪律，特别是买卖要公平，态度要和气。"

上级通知说：由于我们刚到遵义，群众对红军还不了解，部队上街买东西要用银圆和铜板，不要用纸币（那时各单位大都有我们在江西发行的中华苏维埃纸币，也有缴获的国民党中央银行印的伪币，由于群众怕"变"，不愿意要这种货币），没有银圆的单位，可以拿纸币到毛泽民同志主持的"没收委会"去兑换。而我们红一团因为没有在遵义停驻，有的连队买了生猪还没来得及杀，便开进到了桐梓、松坎一线。任务是在随时准备战斗的前提下，整顿部队，组织和派出工作队到农村，宣传党的政策，发动群众打土豪，分田地，组织地方武装，建立革命政权，扩大红军。

那时候我们还不知道，党中央政治局扩大会议已经在遵义城召开了。只是感觉到，在与敌人一江（长江）之隔的桐梓、松坎以及湄潭等地部署这么多部队（红三、五、九军团都有），显然是有重要意义的。后来才知道，当时我们的主要任务是从正面掩护遵义，保证遵义会议能在一个比较安宁的环境里顺利地进行。

我们在这一线住了十天左右，没有进行什么大的战斗。大转移中能够有这么几天间隙，是非常难得的。部队除了做群众工作之外，都抓紧时间把买来的布请房东剪裁、缝制成新军装。有些性急的战士还自己动手做军装，虽然笨手笨脚，可房东大娘、大嫂要帮他，他还不肯。红一团参谋长胡发坚同志，参加红军前在家学过裁缝。这回，可真是"英雄"有了"用武之地"。他成了大家的"技术指导"，忙得不可开交。同志们做成的军衣虽然式样不大一致，但颜色大体相同。新军装一穿，部队集合起来，可神气了。战士们兴奋地说："嗬，像个工农红军的样子了。"

不久，我们就得到了有关遵义会议后的一个消息，就是中央改组了领导机构，由毛泽东、周恩来、王稼祥三位同志组成了军事指挥小组，负责全权处理最紧迫的军事指挥工作。也就是说，毛泽东同志终于又回到了军队的主要领导岗位。这是第五次反"围剿"以来大家日盼夜想的事。因为毛泽东同志领导、指挥红军时的节节胜利和他被排除领导之后的不断失利，形成的鲜明对照太强烈，给大家的印象太深了。

事实最能够说服人，教育人。后来，通过中央和军团等各级领导的正式传达，我们才比较详尽地了解了遵义会议的精神。许多过去有怀疑、不清楚的问题——特别是第五次反"围剿"为什么失败，大好的中央革命根据地为什么全部丧失，撤离江西后为什么像"叫花子打狗——边打边走"，等等，才得到了明确的答案。如果说十几天前占领遵义时，大家像在蒙蒙月夜中看到了黎明前的曙光，那么遵义会议之后，真如同看到了中国革命胜利的日子。正如党的十一届六中全会通过的《关于建国以来党的若干历史问题的决议》中指出的，遵义会议"确立了毛泽东同志在红军和党中央的领导地位，使红军和党中央得以在极其危急的情况下保存下来，并且在这以后能够战胜张国焘的分裂主义，胜利地完成长征，打开中国革命的新局面。这在党的历史上是一个生死攸关的转折点"。

我们占领遵义后，蒋介石既怕中央红军北进四川，同活跃在那里的四方面军会合，又怕中央红军东出湖南，同战斗在那里的红二军团和红六军团会合。除指令湘、鄂、川、陕四省敌军，分别继续围攻红四方面军及红二、红六军团外，还调集了他的嫡系部队薛岳兵团和黔军全部，以及川、湘、滇和广西军的主力，向遵义地区进逼包围。遵义会议结束前后，薛岳指挥的吴奇伟、周浑元两个纵队八个师，已尾追我军进入了贵州。

整个形势虽然依旧是敌强我弱，但遵义会议后在毛泽东同志亲自指挥下的中央红军从遵义城走出来，采取灵活机动的战略战术，变被动为主动，纵横驰骋于川、滇、黔广阔的战场上，迂回穿插于敌人重兵之间，在运动中调动敌人，打击敌人。从著名的四渡赤水，到巧渡金沙江，经过四个多月的转战，打破了敌人数十万重兵的围追堵截，使蒋介石妄图围歼我军于川、滇、黔边区的计划成为泡影。红军取得了战略转移中具有决定性意义的胜利。

（摘自《横戈马上》，解放军文艺出版社，1984年版，第115—118页。）

【思考探究】

一、遵义会议带给我们的党和军队哪些改变？有什么样的意义？

明确：遵义会议使红军和党中央得以在极其危急的情况下保存下来，并且在这以后能够战胜张国焘的分裂主义，胜利地完成长征，打开中国革命的新局面。这在党的历史上是一个生死攸关的转折点。

二、第二段中"我们红军指战员看到红旗在遵义城头高高扬，真好比蒙蒙月夜中看到了黎明前的曙光，受到莫大的鼓舞"一句在全文中有何作用，试结合全文进行分析。

明确：这个句子在全文中起着为下文埋下伏笔的作用。

前文一直介绍红军此时所处的艰难窘境，红旗是红军的希望所在，有红旗飘扬说明红军的领导机关还一如既往地存在，至于究竟发生什么事情，当时的红军普通指战员无法预知。

后文叙述遵义会议以及遵义会议产生的巨大影响，恰好与前文中遵义城头红旗飘扬，让人看到希望、受到鼓舞遥相呼应。这种比较隐晦地交代故事发展背景的方式属于埋下伏笔的写法，即红军指战员看到遵义城红旗飘扬，为后文写遵义会议召开，实现伟大历史转折埋下伏笔。

第十单元

★ ★ ★ ★ ★

单元说明

　　本单元五篇文章均节选自我国当代作家亓阵之、萧晟的长篇纪实文学《长征：英雄与信仰的史诗》。

44 长征的准备

亓阵之 萧晟

【阅读提示】

1934年4月底，广昌失守后，国民党军进入中央苏区腹地，形势日趋恶化，红军坚持内线作战打破敌军"围剿"已十分困难。中共中央、中革军委开始讨论红军主力撤离中央苏区的问题。

筹集粮款是转移准备工作的重要内容。随着扩大红军突击运动的迅猛发展，粮食需求量迅速增加。6月2日，中共中央委员会和中央政府人民委员会发出《为紧急动员二十四万担粮食供给红军致各级党部及苏维埃的信》。6月27日中央组织局、人民委员会又发出《关于粮食动员的紧急指示》，该指示要求无论如何要在7月15日前完成二十四万担谷的计划。7月5日，《红色中华》第210期发表题为《动员二十四万担粮食是目前我们第一等的任务》的社论。在广大苏区群众的努力下，二十四万担的借谷任务到7月底已经基本完成，而且多数的县超了。7月22日，中共中央和中央人民委员会发布《关于在今年秋收中接谷六十万担及征收土地税的决定》，指出："敌人目前正在企图向着我们基本苏区进政……战争的形势要求我们更进一步动员全体群众，集中一切力量，去帮助前线上的红军……为了保证红军今后粮食的供给，中央特批准各地苏维埃与工农群众的请求：举行秋收六十万担借谷运动。"苏区人民以空前的热情，响应党中央和中央政府的号召，仅用35天时间，就献出粮食66万余担，两个月共筹粮84万担。

为了继续斗争的需要，红军也进行了武器弹药和各种军用物资的筹集准备工作。1934年6月，《红色中华》发表社论说："目前革命战争到了决定胜负的紧急关头，前线上军用品的需要，万分迫切。""我们一定要自己大规模地制造弹药武器，制造大批的子弹、炸弹、枪支、手榴弹、刺刀。""这些武器的制造，需要大量的子弹壳、钢、铁、锡、硝等物品。"为此，中央苏区各省、县立即开展了收集军用物资的突击运动，苏区人民翻箱倒柜纷纷将家中的废铜旧铁统统收集起来。3个月中，苏区人民共收集铜8.2万余斤、子弹壳1.82

万斤、子弹 14.09 万发、白硝 1.53 万斤，运往中央兵工厂。6 月 29 日，苏维埃中央政府号召苏区群众筹集被毯、棉花、衣服等物资支援红军。对于这一号召，苏区人民同样热烈响应。6、7 两个月，便筹集棉花 8.6 万斤、被毯 2 万多床、草鞋 20 万双、米袋 10 万条。此外，还收集了一大批棉衣、大衣、单衣、袜子、绑带、军帽、套鞋、斗篷、油布、包袱、水壶、干粮袋等军用品。这期间，兵工厂和被服厂的工人不断发起"冲锋劳动"，每天自动做义务劳动 1~2 小时，星期天放弃休息继续上班，昼夜不停地为红军赶制枪弹和衣服。

通过筹粮借谷和加紧筹集军需用品，中央红军战略转移时粮秣装备得到了比较充分的保障和改善。出发时，所有参加长征人员身边都带有大约可用十天至两个星期的给养，主要是粮食和食盐。每个干部、战士都发了一件崭新的灰色棉大衣，四颗手榴弹，两至三双草鞋。每个战士一支步枪，一把刺刀，充足的步枪子弹。帽子、衣服、布草鞋、绑带、皮带，从头到脚都是崭新的。在根据地像这样大量发枪支弹药和装备器材的情况，以往从来没有过。

此外，在第五次反"围剿"战争中，红军各医院接收了 1 万余名伤病员。这些伤病员中仅有部分参加了长征，约 7000 名重伤病员必须留在中央苏区继续治疗休养。长征部队在突破信丰、安远间敌人的第一道封锁线时，又有一批伤员留在中央苏区。安置和保护这些伤病员，减轻红军长征的压力和拖累，是中央苏区军民必须完成的一项艰巨的政治任务，中央苏区人民群众积极承担并完成了这一任务。

【思考探究】

一、在长征的准备工作中，苏区人民在哪些方面做出了热烈响应？

明确：（1）6~7 月，两个月共筹粮 84 万担；（2）共收集铜 8.2 万余斤、子弹壳 1.82 万斤、子弹 14.09 万发、白硝 1.53 万斤；（3）筹集棉花 8.6 万斤、被毯 2 万多床、草鞋 20 万双、米袋 10 万条；（4）还收集了一大批棉衣、大衣、单衣、袜子、绑带、军帽、套鞋、斗篷、油布、包袱、水壶、干粮袋等军用品，工人发起"冲锋劳动"。

二、苏区人民在筹集粮食、筹集武器弹药和各种军用物资的准备工作中表现出了什么样的精神？

明确：表现出了苏区人民热爱祖国、甘于奉献、乐于奉献、顾全大局、舍小家保大家的精神。

45 遵义会议的召开

亓阵之 萧晟

【阅读提示】

遵义会议是指1935年1月15日至17日，中共中央政治局在贵州遵义召开的独立自主地解决中国革命问题的一次极其重要的扩大会议。这次会议是在红军第五次反"围剿"失败和长征初期严重受挫的情况下，为了纠正王明"左"倾领导在军事指挥上的错误，挽救红军和中国革命的危机而召开的。

会议一共开了3天，气氛紧张激烈，发言的声音很高，每天总是开到半夜才休会。最后，会议做出了下列重要决定：

1. 选举毛泽东同志为中央政治局常委。

2. 指定洛甫（张闻天）同志起草会议决议，委托政治局常委审查后，发到支部去讨论。

3. 政治局常委再进行适当的分工。

4. 取消"三人团"，仍由最高军事首长朱德、周恩来为军事指挥者。委托周恩来同志为党内对于指挥军事下最后决心的负责者。

会议根据毛泽东、王稼祥、朱德、周恩来、李富春、聂荣臻等多数人发言中提出的意见，后来形成《中共中央关于反对敌人五次"围剿"的总结的决议》（简称《遵义会议决议》）。该决议全面地总结了第五次反"围剿"以来红军失败的教训，系统地阐明了中国革命战争的特点和相应的战略战术，深刻地批评了"左"倾冒险主义在军事上的错误。该决议强调指出："一切事实证明，我们在军事上的单纯防御路线，是我们不能粉碎敌人五次'围剿'的主要原因。"第五次反"围剿"中，在敌人采取持久战与堡垒主义新战略的情况下，"我们的战略路线应该是决战防御（攻势防御），集中优势兵力，选择敌人的弱点，在运动战中，有把握地去消灭敌人的一部或大部，以各个击破敌人，以彻底粉碎敌人的'围剿'。然而在反对五次'围剿'的战争中却以单纯防御（或专守防御）代替了决战防御，以阵地战、堡垒战代替了运动战，并以所谓'短促突击'的战术原则来支持这种单纯防御的战略路线"。这正好实现了敌人所希望达到的战略目的。该决议还指出："在战略转变与实行突围的问题上同样是犯了原则上的错误。"这就是当继续在内线作战取得决定性的胜利已经极少可能，以致最后完全没有可能时，没有适时转变战略方针，实行战略上的退却，以保存红军的有生力量，在广大无堡垒地区寻求有利时机，转入反攻，粉碎"围剿"，而是采取了相反的战略方针，继续与敌人拼消耗，从而造成红军的重大损失。在突围行动中，"基本上不是坚决的与战斗的，而是一种惊慌失措的逃跑的以及搬家式的行动"。决议肯定了毛泽东为红军制定的人民战争的基本原则，严肃地批评了博古、李德取消军委集体领导，发展惩办主义，压制不同意见等粗暴恶劣的作风，明确指出：在军事领导上的错误，博古、李德"应该负主要的责任"。

遵义会议，把战争问题放在第一位，集中全力解决当时最紧迫的、关系到中国共产党和红军生死存亡的军事问题和组织问题，对认识尚不一致的政治问题留待以后解决。这样做适合当时多数同志的认识水平，既保证了最主要问题的解决，又维护了党内的团结。应当说，这是毛泽东的高超的斗争策略。毛泽东这种对党内斗争的正确态度和处理方法，是促成遵义会议成功的重要原因之一。

【思考探究】

一、简述遵义会议的内容。

明确：遵义会议的内容是：

1. 选举毛泽东同志为中央政治局常委。

2. 指定洛甫（张闻天）同志起草会议决议，委托政治局常委审查后，发到支部去讨论。

3. 政治局常委再进行适当的分工。

4. 取消"三人团"，仍由最高军事首长朱德、周恩来为军事指挥者。委托周恩来同志为党内对于指挥军事下最后决心的负责者。

二、理解"这样做适合当时多数同志的认识水平，既保证了最主要问题的解决，又维护了党内的团结"这句话中"这样"具体指什么？

明确："这样"具体指的是遵义会议把战争问题放在第一位，集中全力解决当时最紧迫的、关系到中国共产党和红军生死存亡的军事问题和组织问题，对认识尚不一致的政治问题留待以后解决。

46 彝海结盟

亓阵之 萧晟

【阅读提示】

　　"彝海结盟"是中国共产党早期成功地运用民族理论和民族政策的光辉典范。1935年5月，中国工农红军渡过金沙江进入没有形成统一地方政权组织，由大大小小互不统辖的若干黑彝家支分割统治着的四川凉山彝族地区。中国工农红军先遣部队审时度势，经中央批准，刘伯承司令与彝族沽基家支首领小叶丹举行了举世闻名的"彝海结盟"，为红军飞夺泸定桥，强渡大渡河赢得了宝贵的时间。"彝海结盟"历来受到党和国家领导人的高度评价，党和政府特别重视这一伟大历史事件，每逢纪念日都要举行盛大的纪念活动。

　　5月21日凌晨1时左右，红军先头部队进入冕宁县城。冕宁地形险要，有近三分之一的人口是彝族。早在红军到来之前，由西昌师范学校撤回冕宁的地下党负责人陈野萍和地下党员廖志高就发动群众，准备迎接红军，所以红军到来之前，就受到群众的热烈欢迎。22日，陈云召开由陈野萍等人参加的会议，决定成立冕宁县革命委员会，由陈野萍任主席，李井泉任副主席。23日，冕宁县革命委员会在文庙大成殿正式成立。与此同时，红军特委书记王首道还主持建立了党的秘密组织中共冕宁县工委，书记亦由陈野萍担任；建立地方武装冕宁县抗捐军，由红军干部黄应龙任总司令，陈野萍任政委，萧佩雄任大队长，他们立即开展了斗争。

　　5月22日，中央红军先遣队从冕宁大桥出发，经额鸡、俄瓦、圆包包到俄瓦垭口，这一带是彝汉杂居区；再从俄瓦垭口经一碗水、海子边（彝家海子）、北沙村到喇嘛房，这一带属于拖乌彝族聚居区。拖乌彝族聚居区山势更加险要，道路崎岖，树木、野草丛生。山涧之上往往只搭有一根独木桥，走起来十分不易。红军刚到喇嘛房，就被手持各种武器的彝民堵住了去路。先遣队的任务不是用武力，而是宣传党的民族政策，用政策的感召力去与彝族同胞表达友好，争取和平通过，因而不得不暂时停止前进，通过通司（翻译）向彝民们耐心地宣传解释，说明红军和国民党军队不同，不是来抢劫和杀害彝民的，只是借道北上抗日，替受压迫的人打天下，红军要和彝民联合起来，打倒压迫、屠杀彝族人民的刘家军阀。

正在混乱得不可开交的时候，彝族沽基家支的首领小叶丹的四叔来了，萧华和他做了恳切的谈话。当他亲眼看见红军纪律严明，秋毫无犯，与烧杀抢劫的国民党官兵截然不同时，便对红军的宣传深信不疑。红一军团政治部、组织部部长萧华还告诉他，红军先遣队刘司令亲率大队人马北征，路过此地，愿与彝民首领结为兄弟时，他更加高兴。

下午，小叶丹等人来到彝家海子时，刘伯承已经在这里等候了。彝家海子坐落在冕宁县中心乡的群山环抱中，面积约 5 万平方米，终年有水，四周松树常青，风景极为秀丽。小叶丹等人一见到刘伯承，就按旧习惯取下头上的帕子，准备叩头行礼。刘伯承赶忙上前劝阻，亲切地将他们扶起。双方进行了诚挚的交谈，决定按照彝民的传统习惯，杀鸡饮血，结为盟友。

当时因为没有带酒，就由一个彝民从海子里取了一碗水，一只手提着大公鸡，一只手用火镰刀割破鸡脖，鸡血滴入碗中，然后将血水分为两碗。刘伯承和小叶丹叔侄虔诚地并排跪下。刘伯承高高地端起了大碗，大声地发誓："上有天，下有地……刘伯承愿与小叶丹结为兄弟，如有负盟者像鸡一样死。"随即一饮而尽。小叶丹叔侄也一饮而尽。这就是传为历史佳话的"彝海结盟"，它体现了中国工农红军和彝族人民的战斗团结和深厚情谊。

结盟仪式结束后，天色已近黄昏，刘伯承邀请小叶丹等人返回大桥镇，在红军先遣队司令部盛情招待他们，重新喝血酒。参加这次喝血酒的除刘伯承和小叶丹叔侄外，又增加了罗洪作和陈志喜。这次喝血酒，有着双重意义，因为陈志喜是汉人，这就表示彝汉要团结，又因为罗洪家和沽基家是冤家，发生过冲突，这就表示和解之意，共同对付敌人。席间，刘伯承讲述了许多革命的道理。他针对过去彝汉隔阂和彝族内部的不团结，反复强调穷人不要打穷人，自己人不要打自己人，要团结起来共同对敌。一个指头没有劲，十个指头捏在一起力量就大了。刘伯承还代表中国工农红军将一面写有"中国夷（彝）民红沽鸡（基）支队"的红旗赠给小叶丹，任命小叶丹为这个支队的队长，并将自己随身携带的手枪送给他。

【思考探究】

一、"彝海结盟"被传为历史佳话，它作为一面民族平等团结的光辉旗帜，在我们当今极力构建社会主义和谐社会中，仍有诸多的现实意义。请认真阅读文章内容，厘清思路，简述"彝海结盟"的经过。

明确：1935 年 5 月 22 日，中央红军先遣队刚到喇嘛房，就被手持各种武器的彝民堵住了去路，彝族沽基家支的首领小叶丹的四叔来了，萧华和他做了恳切的谈话，刘伯承愿与小叶丹结为兄弟，并将自己随身携带的手枪送给他。

二、深刻体会刘伯承"反复强调穷人不要打穷人，自己人不要打自己人，要团结起来共同对敌。一个指头没有劲，十个指头捏在一起力量就大了"这句话的意义是什么？

明确：这句话的意义是众人拾柴火焰高，团结就是力量，团结就是胜利。团结能使一个国家和人民走向富强，尤其在革命紧要关头，更需团结精神；精诚团结，同舟共济。成功，需要克难攻坚的精神，更需要团结协作的合力。

47 大雪山

亓阵之　萧晟

【阅读提示】

　　1935 年 5 月 30 日，中央领导到达泸定桥。毛泽东在河西岸沙坝村天主堂外边大树下休息的两个小时，听了飞夺泸定桥的战斗经过情况汇报，随即视察作战阵地。他高度赞扬了红军指战员们履险若夷的英雄气概。过了泸定桥后，中央召开了泸定会议。参加会议的有张闻天、毛泽东、朱德、周恩来、王稼祥和陈云等。陈云回忆说，会议主要决定了两件事：一是红军向北走雪山草地一线，避开人烟稠密地区；二是派他去上海恢复"白区"党的组织。

　　6 月 12 日，红二师第四团在陈光师长率领下翻越红军长征途中遇到的第一座大雪山——夹金山。这天拂晓前，红军战士们沿着崎岖狭窄的山路，迎着袭人的寒气，穿过迷漫的晨雾，经筲箕窝、五倒拐向夹金山顶爬去。天亮时到了筲箕窝，爬上顶时已中午。这天中午天气晴朗，但山上仍有很厚的积雪，稍不小心，一失脚就会滚下山崖，掉进大雪塘或冰窖里丧生。据说在夹金山上变成"肉包子"的人不少。意思是不幸跌倒顺着雪坡翻滚，外边逐渐裹上一层很厚的雪，像个雪球，人体包在雪球中间就成了"肉包子"。

山垭处"王母寨",磨盘石是宝兴与懋功两县的分界处。道旁有座用石块砌成的小山神庙,常有过山人向这座小庙里扔些钱币。传说夹金山是座神山,能活着过去的人,都托了山神菩萨的福,所以过山的人放上一点香钱,为的是表示对菩萨的感谢。虽然此说未免滑稽可笑,但历来在此丧命的人确也不少。红军过此山时,也有不少同志牺牲在这里。

6月17日,毛泽东、张闻天、周恩来、朱德等中央领导翻越夹金山。一些历史亲历者留下了毛泽东等中央领导人过夹金山的回忆:这天早晨,毛泽东喝完辣根汤,身穿夹衣夹裤,拄着木棍,向山顶攀登。走到半山,遇到冰雹,他拉着战士的手,嘱咐大家:低着头走,不要往上看,也不要往山下看,千万不要撒开手。快到山顶,毛泽东看到一位体弱的同志坐在雪地里,就要前去背那位同志。警卫员抢先背起那位同志,由毛泽东帮扶着上了山顶。下山比较容易,当天下午到了达维。周恩来跟毛泽东一样,是徒步上山的。他有一副担架,让给了受重伤的机要参谋。上山风很大,周恩来着了凉,下山后,频频咳嗽,过草地时病倒了。朱德也是徒步过雪山的。上山之前,他习惯地要检查部队,他的马同样让给了伤病员。邓小平在过雪山之前,他的马死了,所以在过雪山时,别人还有马尾巴可以拉着,借马的劲而行,而他跟许多负责干部一样,一步步地爬过雪山。彭德怀率红三军团过雪山前,在检查部队时发现团教导队长孙毅没有干粮,马上将自己的干粮分给孙毅。他和战士们一样,艰难地往上爬,让骡子驮着文件,让疲劳得奄奄一息的通信班长紧紧抓骡子尾巴过了雪山。

红军在夹金山上与天斗、与地斗,为革命争生存,战胜艰难险阻。正如邓颖超在《红军不怕远征难》一文中写道:"山上终年积雪,不能中途停留,否则大风雪来了就会冻死在山……有些体弱患病的同志,一坐下就起不来,或行走很慢不能及时赶过山顶,就牺牲在山上。"伍修权在他的问忆录中也写道:"一清早我们就动身翻山,开始时路还好走,不太陡,也比较宽。谁有力量谁往前走,走了不远我就落在后面了。虽然不是最后,但大部队已经过去。快到山顶就更困难了,警卫员同我相依为命,用数步子的办法来鼓励自己。开始说走一百步就休息，走一步数一步，走到整整一百步，就停下来喘几口气，接着再数着走一百步。以后，一百步也坚持不下去了，改成走五十步休息一次，后又改为三十步休息一次，再也不能减少了，走不动也得走，否则就只有永远躺在这里。经过艰苦努力，估计是下午三四点钟，终于爬上了山顶。这时，心情真是悲喜交集：喜的是自己有了跟上部队的希望了；悲的是在山顶两旁的冰天雪地里躺着不少牺牲的同志。我曾亲眼看见有同志太累了，坐下去休息一会儿，可是一坐下就再也起不来了。他们为革命战斗到自己最后一口气。我们当时的心情很难过，真是爱莫能助啊！爬到山顶时，人真的太累了，但是又感到突然有了信心，有了希望。上山时是很困难的，下坡时就顺利多了，劲头也上来了。虽然山上一会儿下雨下雪，一会儿出太阳，气候变化无常，我们下山却特别快，精神特别抖擞。是啊，当时我们都是不到三十岁的人，毕竟还有'余勇可贾'。下了夹金山沿着一条长长的峡谷走了一段。出了峡谷有一道河，对岸是一个小镇叫达维。走过小木桥不远的地方有块不大的平地，有四面军的部队在欢迎我们。在我们的后面也有更多的同志跟上来了，这就是有名的红一、四方面军懋功会师。"

【思考探究】

一、简述红军长征爬雪山遇到了哪些困难。

明确：天气恶劣，有冰雹，冰天雪地，终年积雪；人马疲劳，不能中途停留，坐下就牺牲，体弱患病的战士行走艰难，干粮极少。

二、第二段中山垭处"道旁有座用石块砌成的小山神庙，常有过山人向这座小庙里扔些钱币。传说夹金山是座神山，能活着过去的人，都托了山神菩萨的福，所以过山的人放上一点香钱，为的是表示对菩萨的感谢。虽然此说未免滑稽可笑，但历来在此丧命的人确也不少。红军过此山时，也有不少同志牺牲在这里"，这里描写小山神庙有什么作用？

明确：这句话运用了侧面描写的方法，烘托了夹金山地势险要，环境恶劣，终年积雪，更加突出了红军战士不怕困难，迎难而上，敢于与困难做斗争的精神。

48　茫茫大草地

亓阵之　萧晟

【阅读提示】

　　川西北草原，历史上一直为松潘所辖，故有松潘草地之称。它位于青藏高原与四川盆地的连接地段，纵横几百公里，面积约15200平方公里，海拔在3000~4000米以上。其地势由东、南、西三面向北倾斜，起伏不大，为典型的平坦高原。

　　远远望去，那草原像一片灰绿色的海洋，不见山丘，不见林木，没有村舍，没有道路，东西南北，茫茫无际。草甸之下，积水淤黑，腐草堆积，泥泞不堪，如胶似漆，浅处齐膝，深处没顶。人畜在草地上行走，须脚踏草丛根部，沿草甸前进。草地水质恶劣，无法饮用。草地的气候极为恶劣，时而晴空万里，骄阳似火；时而迷雾重重，方向莫辨；时而阴云密布，风雨交加；时而电闪雷鸣，冰雹骤下；时而雪花飞舞，漫天银色。每年的5—9月草地才有人放牧。

　　茫茫草地，无路可走。红四团依靠藏族向导的指引，才踏着千年沼泽的草甸，在水草深处寻找出一条曲折的小路来。但是，由于红军进入草地后，连日阴雨不断，雨水不仅湿透了战士们的衣衫，还淹没了先头部队设置的路标和部队行进的路线。在草地的有些地段，连续几十里水深没膝，甚至藏族向导也难以找到过去牧骑留下的过路痕迹，有些战士因此而身陷淤泥。有时，当一个战士腿陷泥潭，身旁的战士急忙伸手去拉，由于用力过猛，自己也陷了进去；另一个战士奋不顾身上去抢救，结果还是陷了进去；其余的战士赶忙解下几条绑腿带，将带头抛给陷进泥潭的战士，让他们缠在腰间，才把他们逐个拉上来。更糟的情况是，当一个人身陷进泥潭，其他人还来不及抢救，他就被淤泥吞噬了。红军战士们只好一个紧跟一个，从一个草甸跨到另一个草甸，跳跃前进。有些骡马牲口陷入泥潭后，拼命挣扎，结果越陷越深，庞大的身躯很快就被淹没了。水面上留下的只是一串串水泡。红军战士们行进在茫茫草地，除偶见零星的灌木丛出现于缓坡平岗外，连一株树木也见不到。缺乏判定方向的参照物，常常使人难以辨别方向。

　　饥饿，时时困扰着疲惫不堪的红军战士。在川西北物产不丰的贫瘠之地，难以达到每人备粮 57.5 公斤的要求，有的部队甚至只筹到两天的干粮。进入草地后，战士们身上背的一小袋青稞麦粒或青稞麦粉成为他们生存的希望，麦粒颗颗地数着吃，麦粉一小把一小把地省着吃。当麦粉被无情的雨水淋湿后，便成了黏疙瘩，更是难以下咽。如果有战士不慎摔了跤，有毒的污水浸泡了干粮，那将是他最大的不幸，他将立即陷入断粮的绝境。尽管红军战士们视粮食如生命，尽量节省，但由于准备不足，又无法补充，行程未及半，有的部队即告断粮。为了维持生存，战士们不得不在草地里寻找野菜来充饥，有的战士甚至因误食有毒的野菜而牺牲了生命。为此，卫生部门挑选指定了几十种可食的野菜，以供部队寻找食用；当可食的野菜吃完后，便不得不宰杀坐骑或其他牲口；当牲口不能再宰杀了，战士们只好煮食自己身上穿用的皮带、皮鞋等，甚至只是烧一点开水充饥。红军战士们一边忍饥挨饿，一边还要艰难地在草地上跋涉，体力渐渐不支，不少战士走着走着，突然倒在野草鲜花之中，便再也起不来了。

　　高原的寒冷，侵袭着衣衫褴褛的红军战士们。草地的 8 月，本是最暖和的季节，白天最高气温可达 30 摄氏度，但一到夜间，温差却在 25 摄氏度以上，气温骤然降至 0 摄氏度左右。红军是远征之师，战士们体弱衣单，疲病交加；内无果腹之食，外无御寒之衣，饥寒交迫。为了抵御草地的寒冷，战士们只好穿戴起各色各样的衣服鞋帽。身上有的穿着单衣或夹衣，有的穿着毛衣或棉衣，有的裹着毯子，有的则披着羊皮、狗皮、驼皮等各种兽皮；头上有的戴着斗笠或草帽，有的顶着油布，有的打着雨伞；脚上有的穿着稻草或布条打的草鞋，有的穿着羊皮或其他兽皮制作的靴子，有的甚至赤着脚。经过一天的行军，到了宿营地，既无避寒之处，又无干柴可供烤火，战士们只能找一块比较干的地方，或拣一些草叶铺在湿地上，几个人背靠背地互相用体温来取暖，稍稍休息一会儿。夜晚来临，强劲的高原风裹着雪花，向露营在草坡上的战士们袭来，寒彻体腑。每当黑夜过去，宿营地上便留下许多长眠的英灵。

在这恶劣的自然环境和饥寒交迫中，许多红军战士满怀着对生存的希望和对未来的憧憬，渐渐地体力不支，默默地倒下了。

【思考探究】

一、简要概括红军长征过茫茫草地。

明确：1935 年 8 月，红四军团靠藏族向导指引，心中满怀着对生存的希望和对未来的憧憬，饥寒交迫、疲病交加地经过了环境恶劣的川西北泥潭草甸。

二、面对草地恶劣的环境，红军战士一如既往地勇往直前，这体现了红军战士什么样的高尚品质？

明确：坚持革命的理想和信念，坚信正义事业必胜，不畏艰难、不惜牺牲、勇往直前的革命英雄主义和乐观主义精神。

第十一单元

★　★　★　★　★

单元说明

　　毛泽东诗词中的长征诗词，是其整个诗词创作中的一个重头，可谓成就最高、影响最大、传播最广。可以看出，长征前后是毛泽东诗词创作的一个高峰期。他着力创作的几首诗词，生动再现了红军长征中那些崇高壮烈、激动人心的战斗场面和情景。

　　细数毛泽东长征诗词作品，大体有《清平乐·会昌》《十六字令三首》《忆秦娥·娄山关》《七律·长征》《念奴娇·昆仑》《清平乐·六盘山》《六言诗·给彭德怀同志》《沁园春·雪》等。

　　阅读这些诗词，要注意领会诗人的大手笔、大气势、大胸襟，学习借物抒怀、托物抒情、寄情于物的表现手法。

49 清平乐·会昌①

毛泽东

【阅读提示】

　　这首词是 1934 年夏天毛主席在中共粤赣省委所在地会昌进行调查研究和指导工作时所作。当时，中共和红军由博古、周恩来和李德（德国人）"三人团"领导，毛泽东被排挤出了领导集团，在会昌"养病"。赣南军区司令员龚楚去看他，酒后毛泽东喟然长叹："我自从参加革命以来，受过三次开除中委和八次严重警告的处分，这次更将造成失败的责任，完全推在我的身上。现在，可不是我们井冈山老同志的天下了！"说时，竟潸然泪下。

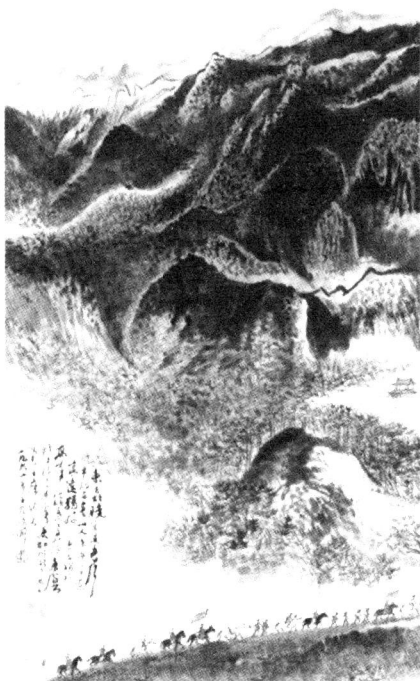

---

① 会昌：县名，在江西省东南部，东邻福建省，南接寻乌。1929 年，毛泽东为开辟赣南根据地，率领红军到过会昌，以后又常途经和居住在这里。

东方欲晓，

莫道君行早①。

踏遍青山人未老②，

风景这边③独好。

会昌城外高峰④，

颠连直接东溟。

战士指看南粤⑤，

更加郁郁葱葱。

【思考探究】

一、从哪一句知道诗中写的是早晨的风景？说说为什么？

明确：从"东方欲晓，莫道君行早"这句知道诗中写的是早晨的风景。因为这句讲述了毛泽东在东方将初露曙色时，也就是清早来到会昌。

二、你怎样理解"风景这边独好"？

明确："风景这边独好"表面是写会昌的景色秀美，暗写这一时期毛泽东在党内、军内已无发言权，但他并不气馁，调整心态，坚持自己的观点。

---

① 莫道君行早：旧谚："莫道君行早，更有早行人。"

② 踏遍青山人未老：诗人自注："1934年，形势危急，准备长征，心情又是郁闷的。这一首《清平乐》，如前面那首《菩萨蛮》一样，表露了同一的心境。"本句的"人"和上句的"君"，都指作者自己。

③ 这边：指中央革命根据地南线。

④ 会昌城外高峰：指会昌城西北的会昌山，又名岚山岭。诗人在20世纪60年代曾回忆说："会昌有高山，天不亮我就去爬山。"

⑤ 南粤：古代地名，也叫南越（今广东、广西一带）。这里指广东。

在他自己说的没有发言权的 1931 年到 1934 年的那些日子里，他埋头做调查研究、读书、向中央提建议，而不是"赋闲"。"踏遍青山人未老"就是他的这种精神的艺术写照。他自己曾说："1934 年，形势危急，准备长征，心情又是郁闷的。"《清平乐·会昌》词的基调是昂扬的，语言是雄奇的，"风景这边独好"反映了毛泽东积极乐观的精神状态和坚韧不拔的意志，但是字里行间也隐约表露了词人的忧虑和愤懑。

50　十六字令三首

毛泽东

【阅读提示】

诗歌写作背景：中国工农红军长征，是人类军事史上一幅无比绚丽的宏伟画卷，是一部气壮山河的英雄史诗。1934 年 10 月，中央红军主力从中央苏区进行战略转移，途经江西、福建、广东、湖南、广西、贵州、云南、四川、西康、甘肃、陕西11个省（区），行程二万五千里，克服了恶劣的自然环境带来的种种困难，击溃了国民党数十万大军的围追堵截，战胜了张国焘右倾分裂主义，历时一年，于 1935 年 10 月胜利到达陕北，为中国革命开辟了一个崭新的局面。艰苦卓绝的长征也为毛泽东诗词创作提供了更多的灵感和更加丰富的素材，这一时期是毛泽东诗词创作的一个高峰期。作为长征主要领导者，毛泽东以深远睿智的目光、开阔宏大的胸怀，用如椽大笔艺术地再现了长征这一重大历史事件，表现了毛泽东以革命浪漫主义情怀指点江山，激扬文字。今天，让我们重读这些脍炙人口的不朽诗篇，重温80 多年前那段激动人心的光辉岁月。整首诗从行军到战斗，浑然一体，表现了红军在过山时那种不怕困难、毫不退缩、勇往直前的精神，表达了伟大领袖毛泽东的革命志向和宏大的情怀。山是他的道路，是描写的对象，也是创作的灵感；山是他的性格，他的形象，他的情怀；山的深沉、山的坚韧、山的博大精深与他的诗词浑然一体。

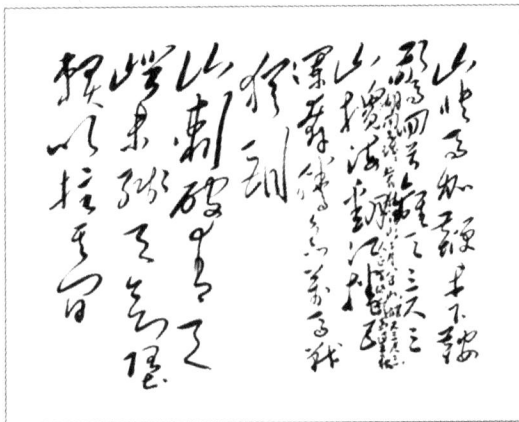

山，

快马加鞭未下鞍。

惊回首，

离天三尺三①。

山，

倒海翻江卷巨澜。

奔腾急，

万马战犹酣②。

山，

刺破青天③锷未残④。

天欲堕，

赖以拄其间⑤。

【思考探究】

一、毛泽东从哪几个方面写山？

明确：毛泽东从高、大、坚三个方面写山。

---

① 离天三尺三：与天空只有三尺三的距离。作者原注："湖南民谣：'上有骷髅山，下有八面山，
离天三尺三，人过要低头，马过要下鞍。'"《太平御览》引汉代《三秦记》："俗云武功太白，
去天三尺。"

② 万马战犹酣：千军万马战斗得正激烈。以万马酣战比喻山势奔腾。金代王特起《绝句》："山
势奔腾如逸马。"

③ 刺破青天：将青天刺破。郦道元《水经注·河水》："连山刺天。"

④ 锷未残：剑刃没有残缺。《庄子·说剑》："天子之剑，以燕溪石城为锋，齐岱为锷。"锷（è），
剑刃。

⑤ 天欲堕，赖以拄其间：《淮南子·天文训》："昔者，共工与颛顼争为帝，怒而触不周之山，
大柱折，地维绝。"神话中有以山为撑天之柱的讲法。

二、文中的山，体现了红军战士的哪些精神？

明确：第一首表面上是极写山之高，实质上是写红军越过高山时，所表现出的藐视困难、一往无前、不可屈服的精神气概。

第二首表面上是极写山之大，写群山之磅礴、险峻，实质上是写红军在万山丛中英勇战斗的雄伟、豪迈的气概。

第三首表面上是极写山之坚，写众山之坚固、坚强，实质上是写红军崇高、坚忍的意志和中流砥柱的作用。

51　忆秦娥①·娄山关②

毛泽东

【阅读提示】

　　1935年2月28日晨，毛泽东骑着大白马，同张闻天、周恩来、朱德、博古一起，登上被红军战士鲜血染红的娄山关顶。天气放晴，天地苍茫，极目四野，群山逶迤，红军排着长长的队伍在蜿蜒的山路上行军，山石上的弹痕、松树上的断枝都清晰地记录着刚刚过去的那场战斗。毛泽东走近那块阴刻着"娄山关"三个行书大字的石碑，一股磅礴的豪气正从久远的历史深处向他的心中走来。明代中叶以来，数次农民起义军曾在此大战，清初李定国统率大西军攻下娄山关，旗麾南指，纵横西南；咸丰年间，本地农民起义军李隆喜举义旗攻占此关；清末翼王石达开一部也曾攻下过娄山关，但是，又都因为这样那样的原因败北。而只有中国共产党领导下的英勇红军，才能一如既往地成功地高擎着旌旗，迈步攀缘，走向胜利。此情此景，怎不令人感动，于是，他吟诵出了堪称高原绝唱的著名辞章《忆秦娥·娄山关》。

西风烈③，
长空④雁叫霜晨月。
霜晨月，
马蹄声碎⑤，
喇叭声咽。

---

① 忆秦娥：词牌名，源于李白的词句"秦娥梦断秦楼月"。

② 娄山关：又名太平关，遵义市北大娄山脉中段遵义、桐梓交界处，从四川入贵州的要道上的关口。海拔1440米，古称天险，自古为兵家必争之地。

③ 烈：猛烈，强劲。

④ 长空：辽阔的天空。

⑤ 碎：细碎。

雄关漫道①真如铁，

而今迈步从头越。

从头越，

苍山如海，

残阳如血。

【思考探究】

一、上阕从哪些角度来写景？作者为我们描绘了一幅什么样的画面？

明确：上阕从触觉、视觉、听觉来写景，作者为我们描绘了一幅西风猛烈，长空中一群群大雁南飞，一阵阵鸣叫，霜花满地，残月在天，天将破晓，马蹄声零碎而又纷杂，军号声沉郁低回的画面。

二、"雄关漫道真如铁，而今迈步从头越"表达了什么样的感情？

明确："雄关漫道真如铁"这个句子的内涵极为丰富。"而今迈步从头越"是上句的自然延伸。"迈步"就是举大步，经过战斗，"雄关"而今已变成通途。"从头越"这三个字凝结了诗人内心的奋发突破之情。这支革命队伍跨越雄关，踏平险阻的坚强决心和无畏勇气就出来了。激抒自己一腔英雄豪气以及对获胜的信心。诗人感到即便过去遭遇过一些失败，但可以"从头越"。

①漫道：莫道。

52　七律·长征 ①

【阅读提示】

　　1935 年 10 月，毛泽东率领中央红军越过岷山，长征即将结束。回顾长征一年来红军所战胜的无数艰难险阻，他满怀喜悦的战斗豪情，以极其轻松的笔调写下了这首气壮山河的伟大诗篇。

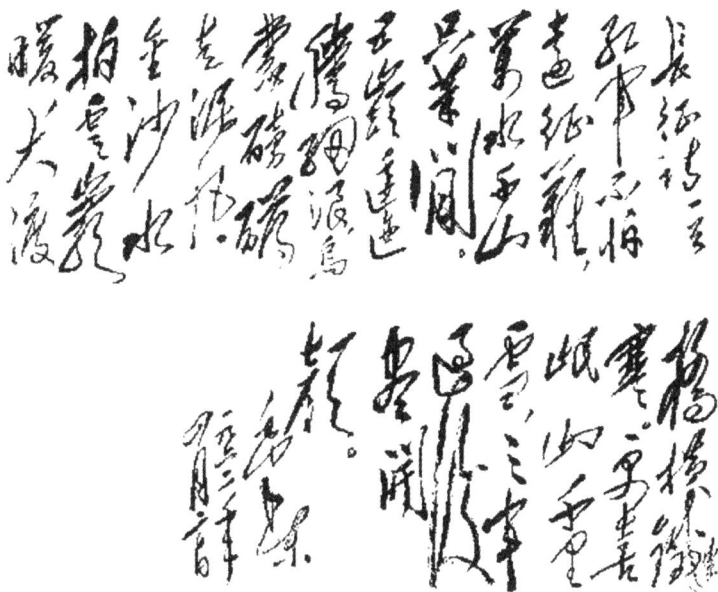

---

① 长征：1934 年 10 月，中央红军主力从中央革命根据地出发作战略大转移，经过江西、福建、广东、湖南、广西、贵州、云南、四川、西康、甘肃、陕西等十一省（区），击溃了敌人多次的围追和堵截，战胜了军事上、政治上和自然界的无数艰险，行军二万五千里，终于在 1935 年 10 月到达陕北革命根据地。

第
十
一
单
元

207

红军不怕远征难，万水千山只等闲①。
五岭逶迤②腾细浪，乌蒙磅礴走泥丸③。

金沙水拍云崖暖，大渡桥横铁索寒。
更喜岷山千里雪，三军④过后尽开颜⑤。

【思考探究】

一、用自己的话写出"红军不怕远征难，万水千山只等闲"的意思。

明确："红军不怕远征难，万水千山只等闲"开门见山赞美了红军不怕困难、勇敢顽强的革命精神，这是全篇的中心思想，也是全诗的艺术基调。它是全诗精神的开端，也是全诗意境的结穴。

"不怕"二字是全诗的诗眼，"只等闲"强化、重申了"不怕"，"远征难"包举了这一段非凡的历史过程，"万水千山"则概写了"难"的内外蕴含。这一联如高山坠石，滚滚而下，牵动着全篇，也笼罩着全诗。"只等闲"举重若轻，显示了诗人视自然之敌若稊米，玩社会之敌于股掌的统帅风度。"只"加强了坚定的语气，具有强烈的感情色彩。它对红军蔑视困难的革命精神作了突出和强调，表现了红军在刀剑丛中从容不迫、应付自如、无往不胜的铁军风貌。

二、这首诗表现了毛主席领导下的人民军队的什么精神？

明确：这首诗形象地概括了红军长征的战斗历程，热情洋溢地赞扬了中国工农红军不畏艰险，英勇顽强的革命英雄主义和革命乐观主义精神。

---

① 等闲：不怕困难，不可阻止。

② 逶迤：形容道路、山脉、河流等弯弯曲曲、连绵不断的样子。

③ 乌蒙磅礴走泥丸：泥丸，小泥球。整句意思说险峻的乌蒙山在红军战士的脚下，就像是一个小泥球一样。

④ 三军：作者自注"红军一方面军，二方面军，四方面军"。

⑤ 尽开颜：红军的长征到达目的地了，他们取得了胜利，所以个个都笑逐颜开。

53　念奴娇·昆仑 ①

毛泽东

【阅读提示】

　　这首词作于1935年冬。当时中央红军走完了长征最后一段行程，即将到达陕北。作者登上岷山峰顶，远望青海一带苍茫的昆仑山脉有感而作。

---

① 昆仑：山脉名称。其主脉在新疆维吾尔自治区和西藏自治区交界处，东段分三支伸展。其南支向东延伸后与岷山相接，因而红军长征时所经过的岷山，也可以看作昆仑山的一个支脉。作者自注："昆仑：主题思想是反对帝国主义，不是别的。改一句：一截留中国，改为一截还东国。忘记了日本人是不对的。这样，英、美、日都涉及了。别的解释不合实际。"

横空出世①，莽昆仑，阅尽人间春色。

飞起玉龙三百万，搅得周天寒彻②。

夏日消溶，江河横溢，人或为鱼鳖。

千秋功罪，谁人曾与评说？

而今我谓昆仑：不要这高，不要这多雪。

安得倚天抽宝剑③，把汝裁为三截？

一截遗④欧，一截赠美，一截还东国。

太平世界，环球同此凉热。

【思考探究】

一、"一截遗欧，一截赠美，一截还东国"这句话中，包含了毛泽东怎样的思想？

明确：他胸怀祖国，放眼世界，不屑于一寸之得失。其实真正要送给他们的是中国革命的经验和毛泽东思想。

二、下阕是新奇有趣的设想和议论，说说作者设想了什么？

明确：设想是"把汝裁为三截？一截遗欧，一截赠美，一截还东国"。

---

① 横空出世：横空，横在空中；出世，超出人世。形容山的高大和险峻。

② 周天寒彻：满天冷透。

③ 倚天抽宝剑：传说楚宋玉作《大言赋》"方地为车，圆天为盖。长剑耿介，倚天之外"。倚天，形容宝剑极长和带剑的人极高大。

④ 遗（wèi）：赠予。

54 清平乐·六盘山

毛泽东

【阅读提示】

1935 年 10 月，毛泽东率领的红军在六盘山前又击败了前来堵截的敌骑兵团。在战斗胜利的鼓舞下，当天下午红军战士便一鼓作气翻过了六盘山。这首词就是毛主席翻越六盘山时的咏怀之作。感受作者的壮志豪情。

天高云淡，
望断①南飞雁。
不到长城②非好汉，
屈指③行程二万。

六盘山④上高峰，
红旗漫卷西风。
今日长缨⑤在手⑥，
何时缚住⑦苍龙⑧？

---

① 望断：望得久，望得远。

② 长城：借指长征的目的地。

③ 屈指：弯着手指头计算。

④ 六盘山：在宁夏南部，甘肃东部。

⑤ 长缨：本指长绳，这里指革命武装。

⑥ 在手：在共产党的领导之下。

⑦ 缚住：捉住。

⑧ 苍龙：指国民党反动派。

【思考探究】

一、"不到长城非好汉"这句诗中，有什么优秀品质？

明确：这反映了中华民族的一种精神气魄，一种积极向上的奋斗精神，一种不达目的不罢休的精神。

二、"今日长缨在手，何时缚住苍龙？"用自己的话描写一下当时作者的内心世界。

明确：今天我长绳之武装紧握手中，哪一天才会将那蒋家狂龙捆缚？工农红军保存着的有生力量，一定会打倒蒋介石的反动政权。有了经过锻炼的中国共产党，又有了经过锻炼的红军，什么样的敌人不能歼灭呢？即使是凶神恶煞般的国民党反动派，也最终会被革命力量打倒。

55 六言诗^①·给彭德怀同志

毛泽东

【阅读提示】

《六言诗·给彭德怀同志》是毛泽东于 1935 年 10 月 21 日所写的一首诗。

毛泽东亲自在吴起镇西山督战，战斗结束，毛泽东赋此诗赠予彭德怀。彭德怀接诗后，将最后一句改为"唯我英勇红军"并退还给毛泽东。这首诗最早发表在 1947 年 8 月 1 日《战友报》上。注意体会彭德怀英勇无畏的精神。

山高路远坑深^②，
大军纵横驰奔。
谁敢横刀立马？
唯我彭大将军^③！

【思考探究】

一、"谁敢横刀立马？唯我彭大将军！"用了什么写作手法？

明确：用了设问的写作手法。

二、"山高路远坑深"中的"高""远""深"有什么作用？

明确：突出了红军战斗征途的艰苦。

---

① 六言诗：旧体诗的一种格式，偶句押韵，首句可押可不押。句数和平仄都不像律诗那样严格。

② 坑深：地势险峻。

③ 彭大将军：指彭德怀，他是我国无产阶级革命家、军事家、政治家。

56 沁园春·雪

毛泽东

【阅读提示】

这首词是毛泽东于 1936 年 2 月所作。"沁园春"为词牌名，"雪"为词名。当时，毛泽东和彭德怀率领红军长征部队胜利到达陕北清涧县袁家沟，为了视察地形，毛泽东登上海拔千米、白雪覆盖的塬上。当"千里冰封"的大好河山和这白雪皑皑的塬地展现在他眼前时，不禁感慨万千，诗兴大发，欣然提笔，写下了这首豪放之词。每次读来都仿佛又回到了那个战火纷飞的年代，又看到了那个指点江山的伟人，不由地沉醉于那种豪放的风格、磅礴的气势、深远的意境、广阔的胸怀。毛主席用了哪些优美的辞藻来描绘了江山的千姿百态，注意体会作者内心的热血与激昂，说说作者是从哪些方面描写北国风光的。

北国①风光，千里冰封，万里雪飘。

望长城内外，惟②余③莽莽④；大河上下，顿失滔滔。

山舞银蛇，原驰蜡象，欲与天公⑤试比高。

须⑥晴日，看红装素裹，分外妖娆。

---

① 北国：该词源于中国古代的分裂时期，如宋称辽、金为北国，东晋称十六国等为北国，南北朝时代南方的各朝代称在北方与之对抗的各朝代为北国等。毛泽东中的"北国"使人在不觉中产生出一种我国疆土广大的民族自豪感。

② 惟：只。

③ 余：剩下。有版本作"馀"。

④ 莽莽：白茫茫一片。

⑤ 天公：指天。

⑥ 须：等到。

江山如此多娇，引无数英雄竞折腰。

惜秦皇汉武，略输文采 ①；唐宗宋祖，稍逊风骚 ②。

一代天骄 ③，成吉思汗，只识弯弓射大雕。

俱往矣，数风流人物，还看今朝。

【思考探究】

一、"山舞银蛇，原驰蜡象，欲与天公试比高"这句话中体现了毛泽东怎样的精神？

明确：大无畏的胆气，战胜苦难，高昂的斗志，与天公一决高下。

二、"俱往矣，数风流人物，还看今朝"中的"风流人物"指的是什么？

明确：这里指能建功立业的英雄人物。作者自注："末三句，是指无产阶级。"

---

① 略输文采：文采本指辞藻、才华。这里是说秦皇汉武武功甚盛，对比之下，文治方面的成就略有逊色。

② 稍逊风骚：意近"略输文采"。风骚，本指《诗经》里的《国风》和《楚辞》里的《离骚》，后来泛指文章辞藻。

③ 一代天骄：指可以称雄一世的英雄人物，泛指非常著名、有才能的人物。天骄，"天之骄子"的省略语，意思是上天所骄纵宠爱的人，成吉思汗即是。汉时匈奴自称。后来也泛称强盛的少数民族或其首领。

后 记

　　为将党的十八大和十八届三中全会提出的关于立德树人的要求落到实处，2014 年 3 月，教育部印发了《关于全面深化课程改革落实立德树人根本任务的意见》，提出"教育部将组织研究提出各学段学生发展核心素养体系，明确学生应具备的适应终身发展和社会发展需要的必备品格和关键能力"。

　　2016 年 9 月 13 日，在北京师范大学举行的新闻发布会上，教育部委托课题"中国学生发展核心素养"研究成果正式发布。日前，课程、教学、评价、教研、管理等方面专家对核心素养与课程标准衔接转化的研究已经展开，重点基于核心素养总体框架，研究核心素养在课程标准中落实的方式方法。

　　作为贵州省乡村名师王洪义工作室主持人、成员和学员，我们责无旁贷，理当身体力行，积极进行核心素养与课程标准衔接转化的行动研究，自觉践行立德树人根本任务。

　　根据《贵州省教育厅办公室关于组织申报 2017 年中小学幼儿园教师课题式研修省级专项课题的通知》（黔教办师〔2017〕79 号），贵州省乡村名师王洪义工作室于 2017 年 6 月申报的运用长征文化提升中学生语文核心素养的行动研究课题，经贵州省教育科学规划领导小组批准，被列为 2017 年贵州省教育科学规划（省培计划——课题式研修）专项课题（课题编号：2017SKZ033）。

　　后经遵义市教育科学院甘义勇院长及有关专家建议，将原课题更改为"初中语文教学中应用长征文学传承红色基因的实践研究"。

　　为更好地应用长征文学传承红色基因，课题组成员编撰了本书。

　　这里，我们谨向原著作者致以崇高的敬意和诚挚的谢意！

初中语文教学中应用长征文学传承红色基因的实践研究课题组

2019 年 6 月 8 日